MUHAMMAD

A PROPHET FOR OUR TIME

穆罕默德

宣揚謙卑、寬容與和平的先知

凱倫・阿姆斯壯——著　　黃楷君——譯

目錄

譯序

脆弱而溫柔的先知面貌

黃楷君

完成這本書的翻譯工作後不久，美國中情局解密了奧薩瑪．賓．拉登電腦硬碟裡的四十七萬份檔案，裡頭除了個人通訊紀錄外，還有許多電影、卡通及網路搞笑影片，包括《惡靈古堡》、《汽車總動員》、《湯姆貓與杰利鼠》等。這不是美國中情局第一次公開賓．拉登私人檔案，這位蓋達組織領袖二〇一一年遭美軍擊斃以來，已陸續完成許多個人信件、組織文件、藏書等的列表及翻譯，並開設了主題網站「賓．拉登的書櫃」（Bin Laden's Bookshelf）。

這些賓．拉登與蓋達組織相關的通信、所關注的國際新聞資料，想必對「反恐」工作多有貢獻，但令我印象最為深刻的卻是那些娛樂檔案。我想像著賓．拉登只是一位父親的時刻，陪伴女兒看她最愛的卡通，和兒子來場電玩對決。我也想像他如平凡的上班族一般，在結束繁重的工作後，觀看過癮的科幻動作片排解壓力，又上網看到好笑影片捧腹大笑，忍不住要收藏一份在電腦裡。在這些檔案堆中，一個我們聞所未聞的賓·拉登現身了。

接著，我想到了凱倫·阿姆斯壯的這本《穆罕默德：宣揚謙卑、寬容與和平的先知》。把暴力組織的首腦和伊斯蘭最重要的先知聯想在一塊，實在非常政治不正確，但仔細想想，非穆斯林對這兩人的觀感和看法確實有些諷刺的雷同之處。十一世紀的十字軍東征開始，穆罕默德正式被抹黑為「江湖術士」，聲稱他用武力去逼迫他人改信宗教，伊斯蘭教的暴力標籤從此揮之不去，直到二〇〇一年九一一事件後，這樣的看法更是根深柢固。

不過，近年來隨著尊重多元文化的觀念愈來愈深入人心，同情的聲音愈來愈大，出現許多為伊斯蘭教平反的意見，高聲疾呼伊斯蘭教的和平本質。無奈世界各地「恐怖攻擊」不斷，眾人急於找出兇手，暴力組織樂於收割，這倡議與現實的巨大落差似乎造成了另一種對立，妖魔化穆斯林的言論愈趨極端。這兩派陣營是否有對話的可能呢？或許我們需要打開更多爭議人物的「書櫃」，試圖開展一種人性化的理解。

《穆罕默德》正是這樣的一本書，作者阿姆斯壯挖掘早期的穆罕默德傳記和眾多宗教研究著作，以澄澈而真摯的字句寫成，宛如穆罕默德一生的貼身敘事，刻畫出他在暴力分子和宗教領袖之外的第三種樣子——一個有血有肉的信仰者。

七世紀的麥加，蓬勃發展的市場經濟使得慷慨互助的游牧社群精神日漸式微，真主降下的啟示填補了精神性食糧的空缺，而承接這份啟示的正是先知穆罕默德。阿姆斯壯筆下的穆罕默德，「即使荊棘叢鉤住了他的斗篷」也一心一意專注於完成眼前的目標，他正直善良，得到了「可信者」的稱號。他的孤兒身分想必讓他更能感受弱勢者之苦，在他傳播啟示初期，追隨者幾乎不是年輕人，就是女性或奴隸。

此外，他對動物和小孩總是溫柔以待。他在躲避古萊須族的追殺時，隱身在郊外洞穴之中，仍小心翼翼不驚擾洞口的岩鴿；他十分鍾愛他的坐騎母駝，甫抵麥地那時，決定在母駝跪坐之處定居，相信牠受到真主的帶領。他喜歡抱著後來早夭的兒子在麥地那閒晃，難掩父親的驕傲四處炫耀兒子的可愛；後成為穆罕默德養子的奴隸宰德（Zayd）戰亡後，穆罕默德在街上緊抱著宰德的小女兒，試圖安撫她，自己仍止不住哭泣。他從未視妻子為他的所有物，對家務事也盡心盡力，照顧羊群，縫補自己的衣鞋。他的妻子們與他平起平坐，更能與他爭辯。

不過，穆罕默德曾經在養子宰德和他的妻子宰娜卜仍有婚姻關係時，就愛上宰娜卜，後來他們離婚後，穆罕默德便娶宰娜卜為妻，而且當時宰娜卜是他的第五名妻子。這個故事或許令我們詫異，也「讓一些穆罕默德的西方評論者大感震驚，因為他們更習慣更禁慾苦修的基督教英雄，但穆斯林的文獻似乎不認為展現先知的男性活力有何不妥。」穆罕默德並非百分百完美的聖人，在宣揚教義的途中，為了和古萊須族人和解，他曾扭曲神聖訊息而遭天使質問，也曾不得已在毆妻的議題上對友伴妥協。這些跌跌撞撞更讓我們確知他不過是一介凡人，他只是神的使者，而非神的化身。

「**萬物非主，唯有真主**」是伊斯蘭教的至高信念。在阿姆斯壯所描繪的穆罕默德身上，可以看見「認主獨一」的信仰所孕育出的特質。因為順服於獨一神的最高權威，穆罕默德謙遜待人，過著簡樸自持的生活；因為感念真主施予人的恩惠，他提倡「課捐」的傳統，鼓勵穆斯林捐贈部分收入，效法真主給予的精神，與弱勢者同甘共苦；因為真主為每一個民族都制定了各異的律法和道路，他從未強迫任何人加入穆斯林社群，也尊重不同的信仰。

這些細膩的故事正是這本書難能可貴的地方。歷史事件的綜覽描述或許我們都聽過不少，卻沒有太多人選擇描寫這位先知鮮活而飽滿人性的生命細節，與他所折射出來的伊斯蘭精神。這樣沉靜而力道十足的聲音，在現下針鋒相對的時代更顯珍貴。我們將能在這些故事中，看見信仰對世界的揉塑，同時看見自己相似的掙扎與情感。

我相信，這本書能夠觸發一絲柔軟的體會，讓我們在和解之路上邁進一步。

推薦序

史實與信仰並重的多元宗教觀

蔡源林
（國立政治大學宗教研究所所長）

吾人研讀世界各大宗教或文明傳統的聖賢傳記，通常可見兩種截然不同的寫作模式，其一為歷史悠久、源遠流長的聖傳傳統，賦予該聖賢人物完美無瑕、道德高超的神聖化形象，這類聖傳通常為該傳統的後代虔信者所傳述，其目的在於垂範後世，作為該宗教或文明傳統核心價值的典範；其二為近現代人文與理性思潮下所開展的寫實性傳記，以還原該聖賢人物的客觀歷史原貌為目的，對其與凡人無異的日常行為、食色之慾，甚至其人性的脆弱面亦忠實呈現，而這些凡俗的面向，幾乎是不可能在第一類的聖傳中找到任何蛛絲馬跡。這種寫實性傳記將聖賢人物從神壇地位拉至凡間，自然會對先前的聖傳所立基的神聖傳統產生極大的衝擊，尤其是各大宗教開創者的聖傳，因其聖潔形象已成為根深柢固信仰的一部分，信仰者通常不容學者以客觀寫實之名冒瀆聖人，近代西方有關「歷史的耶穌」與「信仰的基督」之激烈論戰，便是上述兩種宗教聖賢觀對立的著例。當西方學術批判思潮開始影響及於非西方宗教與文明傳統後，不只在該傳統內部同樣引發信仰與學術之爭，更加上了民族文化認同的防衛心態，故某位東方聖人，如佛陀、孔子、穆罕默德（以下簡稱穆聖）等，被以西方學術觀點加以敘述與評價時，經常觸發了程度與範圍不等的「文明衝突」，即便到了二十一世紀，宗教聖賢的再現方式仍然觸動了東、西方文化差異的最敏感神經。近年來西方媒體對穆聖形象的再現，經常演變成為西方與穆斯林國家之間的國際紛爭，又是其中的著例。

本書最大的挑戰與難度，便是作者嘗試將上述兩種傳記類型融為一體。作者受過西方學術訓練，對有關穆聖的史料採取批判檢驗的態度；但作者也對伊斯蘭文明有深刻的探索與同情理解的態度，甚至企圖挑戰西方文明長期以來對伊斯蘭與穆聖的負面印象，所以不厭其煩地引述伊斯蘭聖傳文獻所傳述的穆聖典範，以平衡西方社會由來已久的偏見。作者開頭第一章全部花在盤點西方社會各時代所流傳對穆聖的偏見，第二章則正本清源地探索《古蘭經》所揭示的宗教訊息，到了第三章才開始進入穆聖的生平事蹟，足見其先破再立的寫作策略。本書原作出版於一九九〇年，當時因中東政局劇變，西方與伊斯蘭世界之間的「文明衝突」已見端倪。作者動筆之際，發生了印度裔穆斯林作家魯西迪因出版《魔鬼詩篇》英語小說，被伊朗精神領袖柯梅尼教長公開宣布應處以死刑的事件，導致西方敵視伊斯蘭的聲浪再度高漲，作者撰寫此書的目的便是提供西方讀者更完整的穆聖生平與行誼，以矯正西方世界長期以來對伊斯蘭的偏見。

其實除了交替運用既有的兩種傳記類型之外，作者嘗試了第三種的宗教傳記模式，這是立足於二十世紀才出現的一種全新的宗教觀點，即主張世界各大宗教傳統都沒有絕對的對錯之分，且都是終極真理的不同表現形式，故主張每一宗教的信仰者與反對所有宗教的無神論者，皆應走出自身的獨斷論真理觀，通過不同宗教與意識形態之間的對話與比較，以發展出更具包容性的多元宗教真理觀。以此種宗教觀點所描繪的宗教聖人，通常對異教寬容、願意開放心胸從其他宗教中學習，其生平行誼足以應證各宗教共享的普世真理。此一新興的多元主義宗教觀，既開啟了宗教學（或比較宗教學）這門新學科的建立，也促成各宗教信仰者之間的宗教對話。但這種新宗教觀雖在學術殿堂或自由派知識分子間頗有接納者，卻尚未能根本翻轉全球各大宗教的信仰者之間壁壘分明的僵局，也未減弱無神論者對宗教抨擊的力道。若大部分的讀者仍維持傳統的排他真理觀，以自身信仰為獨一的真理，以其他異己信仰為錯誤或偏邪，則對作者將穆聖與其他吾人更熟悉的宗教聖者，如摩西、耶穌與佛陀，加以比較並做聯結，或者將穆聖的宗教經驗與猶太教、基督宗教、印度教或佛教所描述的神聖或開悟經驗作相互應證，可能會覺得相當突兀，或不知其所以然。

作者曾為天主教修女，經歷重大生命轉折後還俗而投身宗教學術，故她不只熟知當代宗教學的比較研究方法，也對現代天主教會走出獨一真理觀，開展宗教對話，宣揚人類一家的普世精神有所體認，此一學術與信仰的雙重背景便展現在本書的各章節中經常將《古蘭經》與《聖經》做相互應證，並進行穆聖與耶穌或眾猶太教先知的教誨與行誼之比較，但這其實是吃力不討好的工作。作者當然知道堅持獨一、排他宗教真理觀的基督徒與穆斯林，至今仍是各自社會的宗教主導勢力，將異教徒先知和本教聖人做比較，實為大逆不道、匪夷所思之舉。事實上，本書企圖還原「歷史的穆罕默德」真實情境的寫作模式，並不為部分保守派當道的穆斯林國家所接受，故本書遂遭這些國家的當局所查禁；而號稱較為自由開放的西方社會，也不一定會歡迎此種跨宗教論述的傳記，特別是作者有意將《聖經》較為排他論的經文與《古蘭經》對猶太教或基督宗教較為包容的經文做對比，有意從根本上顛覆西方社會對伊斯蘭缺乏宗教寬容、排斥異己的刻板印象，這點恐怕會觸怒西方的保守派人士。其實，晚近的宗教新保守派已將類似作者所主張之包容與多元的宗教真理觀，譏為「新時代」式的宗教觀，其不容基督信仰正統被新興的外來宗教所挑戰的態勢至為明顯。作者甘冒可能是兩邊都不討好的最壞結果，企圖以這本穆聖傳記來跨越由來已久的宗教與文明之間的鴻溝，其勇氣不得不令人佩服，這或許是作者某種宗教情操的驅使所致。

台灣乃至中文世界的一般讀者，要充分理解這本穆聖傳記，至少要突破三重障礙。首先，伊斯蘭聖傳傳統所傳述的穆聖生平與行誼，大部分的中文讀者都不太熟悉，雖然已有數本華人穆斯林所寫的穆聖傳記可以在坊間與圖書館找到，但普及率不高，大多數讀者對穆聖生平及伊斯蘭初期歷史背景皆不熟，不容易讀懂作者引述穆斯林史料的文脈。第二重障礙是中文讀者更容易接收到西方媒體或西方主流文化所形塑對伊斯蘭與穆聖的偏見與妖魔化，對作者呈現穆聖的寬容、慈愛與睿智的形象，大概會感到錯愕，必須得進行某種自我批判與解構的功夫，才比較能安然接受本書傳達的訊息。最後一重障礙便是作者的跨宗教視野與多元真理觀，華人社會雖有多元宗教的情境，但長期以來各宗教自行其道，對其他宗教也很少有對話與交流的意願與情境，而現代宗教學術在華人文化圈的發展時間甚短，無法根本轉變各宗教維持獨一真理觀的傳統想法，若是如此，恐難以體會作者嘗試將穆聖與其他宗教聖人做對比論述的苦心。況且，作者原著訴求的是西方讀者，故更大的篇幅是針對西方社會對伊斯蘭與穆聖的偏見進行破除，且更常將穆聖與同為一神教的猶太教與基督宗教的經典、先知與聖者進行對比，然這部分對大多數中文讀者並無促進更多理解的效果，因中文讀者更熟悉佛陀、孔子、老子等東方聖哲。若要讀懂本書的微言大義，讀者可能需要做些功課，增加一些非宗派觀點的一神教相關知識。

台灣正面臨全球化浪潮的衝擊，自然不應將思維與價值信念停留在前現代時期的獨一真理觀或教條式無神論的窠臼，不去正視世界宗教傳統對人類文明的重大貢獻，也不應該自外於當代世界以宗教之名所挑起的「文明衝突」，對伊斯蘭或其他非華人傳統宗教拒於門外，但卻又不明就理地將上述衝突簡化為「宗教衝突」。期盼這本視野開闊、材料豐富且蘊涵宗教家悲天憫人胸懷的穆聖傳記，將會是挑戰讀者習以為常的宗教成見之起跑點！

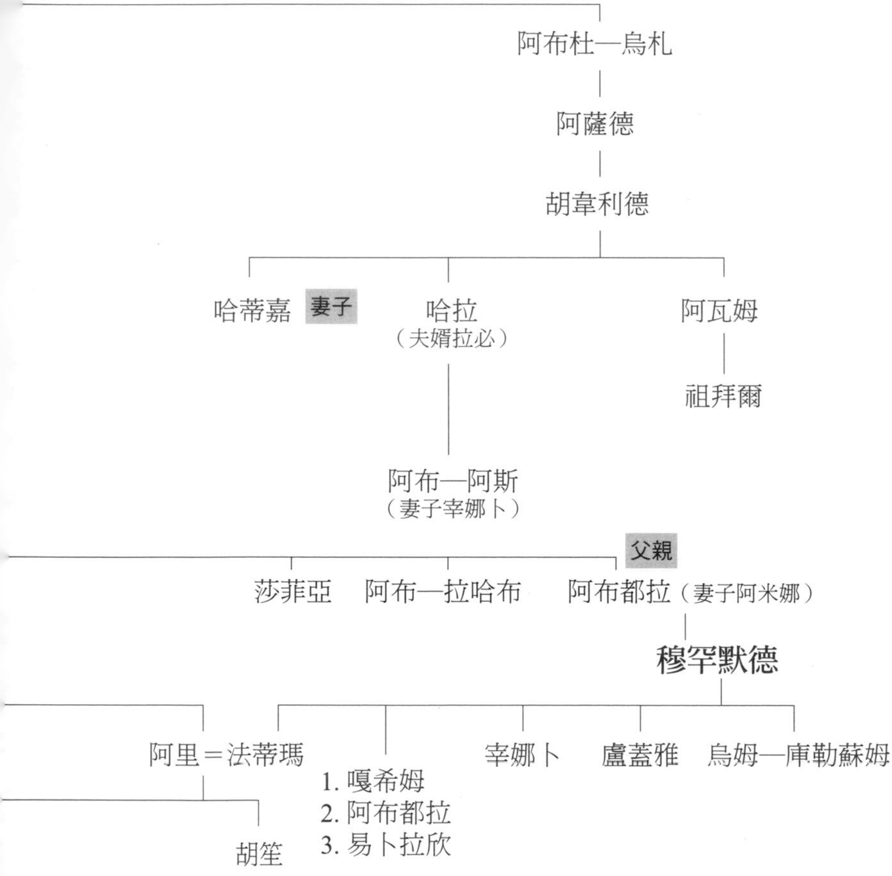
阿布杜─烏札
阿薩德
胡韋利德
哈蒂嘉
妻子
哈拉
（夫婿拉必）
阿瓦姆
祖拜爾
阿布─阿斯
（妻子宰娜卜）
父親
莎菲亞
阿布─拉哈布
阿布都拉（妻子阿米娜）
穆罕默德
阿里＝法蒂瑪
1. 嘎希姆
2. 阿布都拉
3. 易卜拉欣
宰娜卜
盧蓋雅
烏姆─庫勒蘇姆
胡笙

穆罕默德及其親屬宗譜表

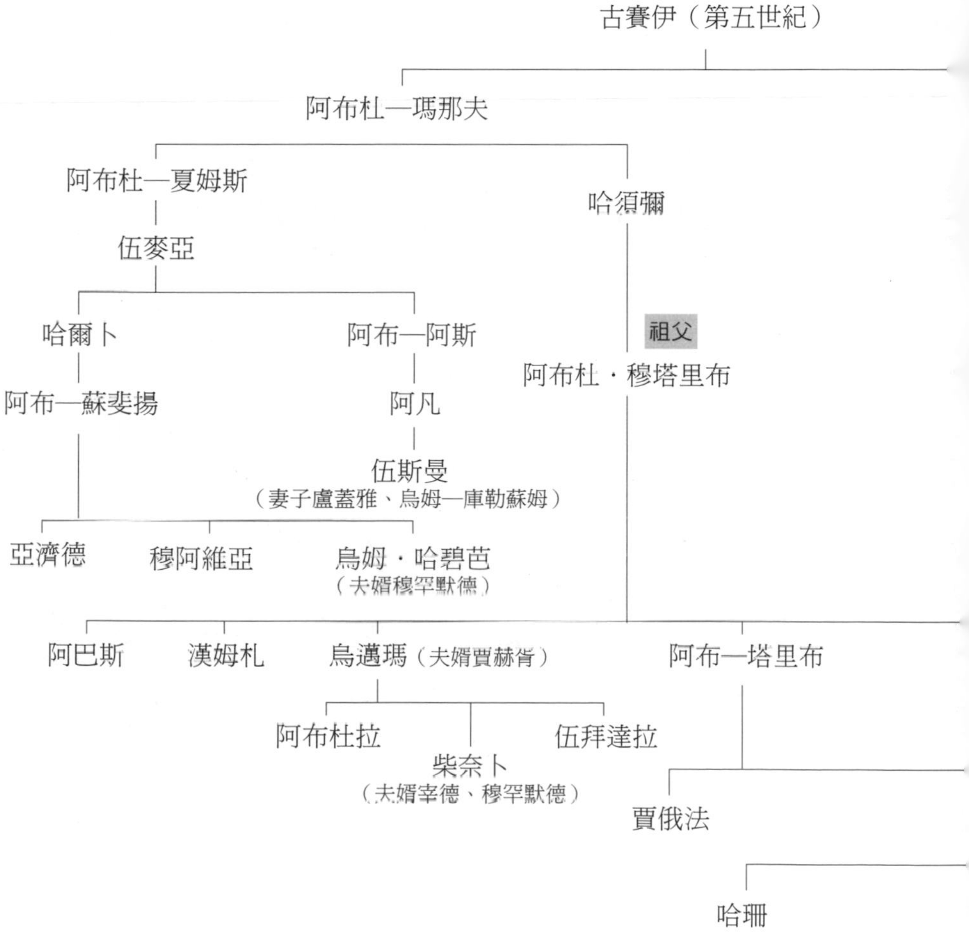
古賽伊（第五世紀）
阿布杜—瑪那夫
阿布杜—夏姆斯
哈須彌
伍麥亞
哈爾卜
阿布—阿斯
祖父
阿布杜・穆塔里布
阿布—蘇斐揚
阿凡
伍斯曼
（妻子盧蓋雅、烏姆—庫勒蘇姆）
亞濟德
穆阿維亞
烏姆・哈碧芭
（夫婿穆罕默德）
阿巴斯
漢姆札
烏邁瑪（夫婿賈赫肯）
阿布—塔里布
阿布杜拉
柴奈卜
（夫婿宰德、穆罕默德）
伍拜達拉
賈俄法
哈珊

阿拉伯半島地圖

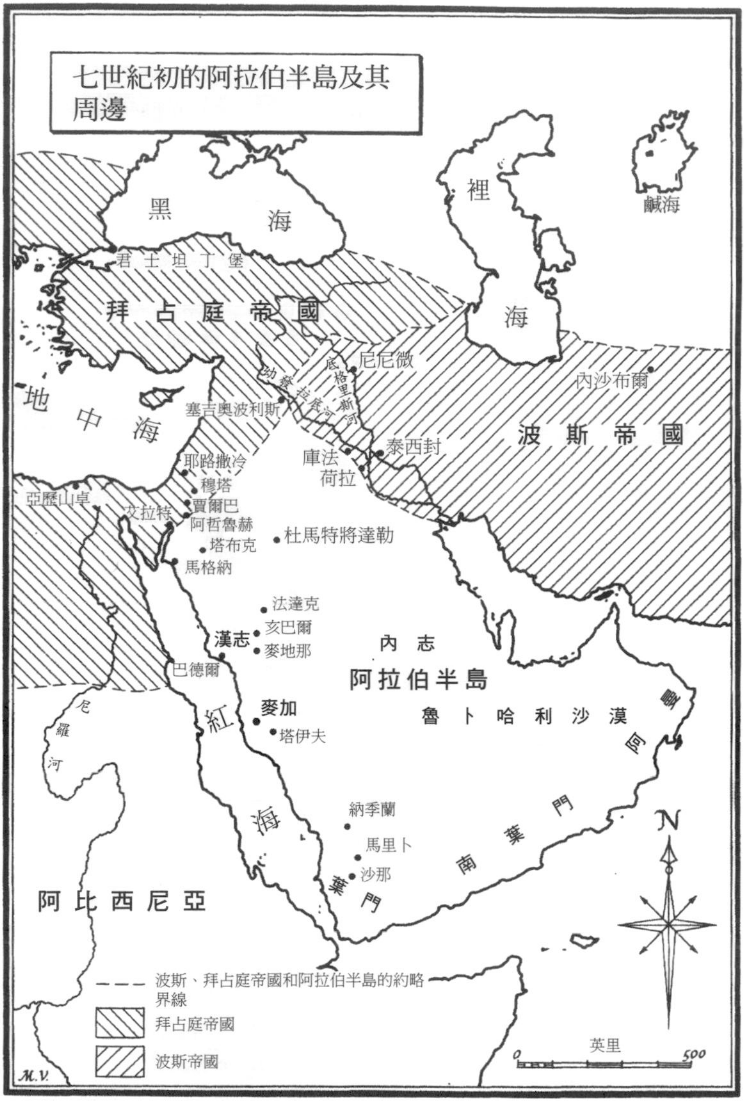
七世紀初的阿拉伯半島及其周邊
黑海
裡海
鹹海
君士坦丁堡
拜占庭帝國
尼尼微
底格里斯河
幼發拉底河
內沙布爾
塞吉奧波利斯
地中海
波斯帝國
泰西封
庫法
荷拉
耶路撒冷
穆塔
亞歷山卓
艾拉特
賈爾巴
阿哲魯赫
杜馬特將達勒
塔布克
馬格納
法達克
亥巴爾
漢志
麥地那
內志
巴德爾
阿拉伯半島
尼羅河
麥加
塔伊夫
魯卜哈利沙漠
阿曼
紅海
納季蘭
馬里卜
沙那
葉門
南葉門
阿比西尼亞
N
波斯、拜占庭帝國和阿拉伯半島的約略界線
拜占庭帝國
波斯帝國
英里
0
500
M.V.

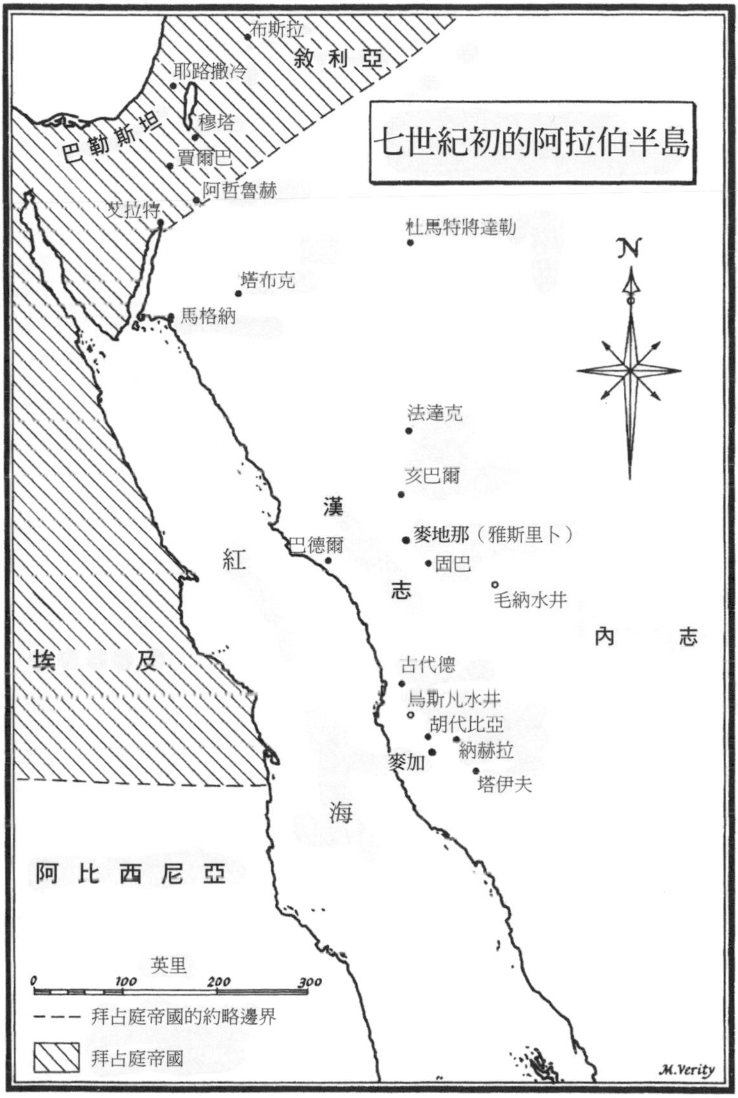
七世紀初的阿拉伯半島
布斯拉
敘利亞
耶路撒冷
穆塔
巴勒斯坦
賈爾巴
阿哲魯赫
艾拉特
杜馬特將達勒
塔布克
馬格納
N
法達克
亥巴爾
漢
麥地那（雅斯里卜）
巴德爾
固巴
紅
志
毛納水井
內
志
埃
及
古代德
烏斯凡水井
胡代比亞
納赫拉
麥加
塔伊夫
海
阿比西尼亞
英里
0
100
200
300
拜占庭帝國的約略邊界
拜占庭帝國
M.Verity

序言

一個宗教的歷史，是超然真實和現下事件在俗世中所展開的對話。信徒會細查過去神聖的歷史，尋找能夠與他們生活境況直接呼應的教誨。大部分的宗教都有一位標誌性的人物，以人的形象來表達信仰的理念。佛教徒透過思忖佛陀的祥和心境，看見人人嚮往的涅槃那至高無上的真實境界；基督徒在耶穌身上窺見神性作為一股良善與憐憫的力量而存在世界上。我們每每在這充滿缺陷的世界中索求救贖，這些典範照亮了黑暗無望的處境，告訴我們身為一個人的可能。

穆斯林一直十分清楚這一點。他們的聖典《古蘭經》賦予他們一項任務：創造一個正義、寬容的社會，其中所有成員都能被尊重以待。從過去到現在，穆斯林社群都高度重視政治的安定。而正如所有的宗教理想，穆斯林的理念極難實現，但每次失敗後他們總會重新振作、繼續奮鬥。許多伊斯蘭的儀式、哲學、信條、神聖文本及聖地，都是伊斯蘭社會在政治事件中頻繁苦思、嚴格自律所產生的結果。

直至今日，先知穆罕默德的一生對於生生不息的伊斯蘭理想仍然至關重要。他的生涯揭示了神在世上難以測知的行動，也描繪出人人都該對神展現的完美順服（在阿拉伯文中，「順服」一字即為「*islam*」）。從先知仍在世開始，穆斯林就必須極盡所能地去瞭解他的生命意義，並運用到自己的生活中。穆罕默德死後一百餘年，正值伊斯蘭不斷傳播到新的地區、皈依人數大增的時期，穆斯林學者開始彙集穆罕默德的言論（*ahadith*）及其慣常的行止（*sunnah*），以構築成穆斯林律法的基礎。先知傳統（*sunnah*）教導穆斯林模仿穆罕默德說話、飲食、愛人、清潔與崇信，讓他們在日常生活極為細小的枝節中，都能於塵世再製先知的人生，希冀他們能夠獲得先知內在的性格，全然順服於神。

大約此時，也就是西元八至九世紀，第一批穆斯林歷史學家開始書寫先知穆罕默德的生平，如穆罕默德・伊本—易斯哈格（Muhammad ibn Ishaq）、穆罕默德・伊本—伍瑪爾・瓦基迪（Muhammad ibn ‘Umar al-Waqidi）、穆罕默德・伊本—薩阿德（Muhammad ibn Sa’d）、阿布—賈利爾・塔巴里（Abu Jarir at-Tabari）。這些歷史學家不僅僅是憑藉記憶和印象來撰寫，更試圖嚴肅地重建歷史。他們在敘事中涵蓋了早期的文件，追溯口述傳統的原始來源；而且，縱然他們推崇穆罕默德為敬神之人，有時仍會加以批判。基本上，透過他們努力的成果，讓我們對穆罕默德的瞭解幾乎是所有重要的宗教傳統建立者中最多的。只要是關於穆罕默德的傳記，必定不會漏掉這些早期的研究文獻，而我也將會在本書中頻繁引用它們。

穆罕默德早期傳記作者的著述，大概難以達到現代歷史學者的標準。那個時代的人經常會在傳記中加入具有超自然或傳奇性質的故事，在今日我們可能會用不同的方式來闡釋這些典故，但這些作者意識到素材的複雜性，不會只發揚單一的理論或事件的詮釋，而犧牲了其他的角度。有時，他們會並置同一事件中兩個迴異的版本，並給予同等比例的描述，讓讀者自行定奪。他們不總是認同自己身處其中的那個傳統，但仍盡可能翔實地講述先知的故事。然而，這些傳記作者的記敘仍有所缺漏。在穆罕默德四十歲以前，也就是他開始接收他所相信的神啟之前的早期生活，我們幾近一無所知，因此無可避免會發展出神話般的傳說，來描寫先知的誕生、童年與青年時期，但這些典故顯然只具備象徵性，而非歷史性的價值。

關於穆罕默德早期在麥加的政治生涯，素材也相當稀少。當時他仍是相對沒沒無名的人物，無人認為他的活動具有值得記述之處。我們主要的資料來源是他帶給阿拉伯人的經文。從六一〇年至穆罕默德逝世的六三二年，大約二十三年間，他聲稱自己是神的訊息直接的接收者，這些訊息之後被集結成冊，也就是眾人所知的《古蘭經》。當然，《古蘭經》並未包含穆罕默德生命的直接描述，它只是神逐行、逐節、逐章，斷斷續續地降下給這位先知的啟示。啟示的內容有時是關於麥加或麥地那的特定情勢。神會在《古蘭經》中回應穆罕默德的批評者，祂評論他們的爭辯，祂解釋一場戰役或社群內部衝突背後更深層的意義。每當穆罕默德接到幾節新的啟示，穆斯林就謹記在心，識字者則會將經文記錄下來。首次正式彙編的《古蘭經》約完成於六五〇年，差不多是在穆罕默德死後的二十年，並取得了正典的地位。

《古蘭經》是神的神聖話語，擁有絕對的權威，但穆斯林知道其經文並不總是能夠簡單地加以詮釋。《古蘭經》的律法是針對一個小型的社群所設計的，但在先知死後一世紀，穆斯林統治了一個幅員廣闊的帝國，從喜馬拉雅山一路延伸到庇里牛斯山。此時他們所面對的情勢全然不同於先知所在和初期穆斯林的時代，而伊斯蘭必須**有所**改變以順應之。關於穆斯林歷史最初的幾篇散文，正是**針對**當下所遭遇的困惑迷惘而寫成的。穆斯林該如何把先知的洞見與實踐應用到他們自己的時代？早期的傳記作家描述先知的故事時，會試圖重現某些特定啟示降下給穆罕默德的歷史脈絡，來解釋《古蘭經》的一些段落，藉由理解一則《古蘭經》信條背後的成因，以訓練有素的分析手法，將該信條與他們自身的情況加以連結。那個時代的歷史學家和思想家相信，瞭解先知在七世紀傳遞神之話語時的奮鬥，將會幫助他們在內心延續先知的精神。打從一開始，關於先知穆罕默德的書寫，就不只是純粹的古文物研究，至今仍是如此。有些基本教義派的穆斯林將他們好鬥的意識形態立基於穆罕默德的生平；這些極端分子相信，穆罕默德會寬恕並欣賞他們的暴行。其他的穆斯林對如此的聲稱驚恐不已，並指出《古蘭經》本著包容開放的多元主義，對於激進的侵略其實抱持譴責態度，並認為所有正信的宗教皆源自於神。在西方文化中，「伊斯蘭恐懼」（Islamophobia）的歷史十分悠久，可以回溯至十字軍東征的時代。十二世紀時，歐洲的基督教僧侶堅持伊斯蘭是一個持劍的暴力宗教，穆罕默德則是江湖術士，用武力逼迫不情願的人們改信他的宗教；他們稱他為登徒子和性變態。這位先知被扭曲的生平在西方成為一個既定的概念，因此西方人總是很難以比較客觀的視角看待穆罕默德。二〇〇一年九月十一日的世貿中心攻擊事件後，美國的右翼基督教徒和部分的西方媒體延續了這項帶有敵意的傳統，主張穆罕默德無可救藥地對戰爭上癮；有些人甚至斷言他是恐怖分子和戀童癖。

我們再也無法承擔縱容這種盲從行為所帶來的後果，因為極端分子往往把持著這一點，「證明」西方世界的確展開了新一波的十字軍東征，以此對抗伊斯蘭世界。穆罕默德並非殘暴之人，我們必須以更持平的方式來接近他的生命，才能體會到他可觀的成就。習焉不察的錯誤偏見，將會破壞西方文化原本具有的包容、寬闊心胸與同情特質。

十五年前，何梅尼（Ayatollah Khomeini）認為魯西迪（Salman Rushdie）的《魔鬼詩篇》（*The Satanic Verses*）褻瀆了穆罕默德的形象，而頒布處死魯西迪及其出版者的教令（*fatwah*）；在那之後，我便懷抱如斯信念。即使我憎惡那道教令，也相信魯西迪有權出版任何他所選擇的內容，但卻仍然無法忍受他的那批自由派支持者將對教令的譴責，無限上綱到對伊斯蘭本身的徹底貶斥，而且完全背離事實。為了捍衛自由的原則而重啟中世紀的偏見，在我看來並非正確的作為。我們似乎全然遺忘了一九三〇年代悲劇的教訓。當時，這樣的偏執認知允許希特勒成功殺害六百萬猶太人。不過，我發現許多西方人其實並沒有機會去翻轉對穆罕默德的錯誤印象，於是我決定撰寫一部適合大眾閱讀的先知生平，來挑戰這根深柢固的觀點，最後完成了《穆罕默德——先知的傳記》（*Muhammad: A Biography of the Prophet*）一書，並於一九九一年出版。*然而，在九一一事件之後，我們必須關注穆罕默德生平的其他面向，因此出現了這本內容與前一本大異其趣的全新著作。我希望本書能夠提供不同的想法，以回應後九一一世界這個令人恐懼的現實。

穆罕默德作為一個典範人物，不只為穆斯林，更為西方人帶來重要的教誨。他的一生就是一場「*jihad*」：我們應當理解到這個字的意義並非「聖戰」，而是「奮鬥」。穆罕默德賣力揮汗，只為了替被戰爭撕裂的阿拉伯半島帶來和平，如今，我們也需要一群準備好這麼做的人。穆罕默德的一生是一場奮力不懈的戰役，對抗貪婪、不公與傲慢。他意識到當時的阿拉伯半島正站在轉捩點，舊有的思考方式已不再足夠，於是他竭盡所能，以他具有創造性的成就，孕育出嶄新的解答。九一一之後，我們進入了另一個時代，也必須付出同樣的努力，發展出一個截然不同的觀點。

奇特的是，七世紀的阿拉伯半島上發生過的事件，竟然可以教導我們當代事件的意義及其背後的重要性——事實上，甚至比政客們輕率的言論更深具啟發性。穆罕默德並不想打造一個宗教正統——他對空洞的理論不大感興趣——而是想改變人們的內心和思想。他將那個時代的普遍精神稱之為「蒙昧」（*jahiliyyah*），穆斯林通常認為他所指的是「蒙昧時期」，也就是阿拉伯半島的前伊斯蘭時代。然而，近期的研究顯示，穆罕默

---

* 譯註：台灣曾經有究竟出版社於二〇〇一年出版。

德並不是用「蒙昧」一字來指稱一段歷史時期，而是一種在七世紀的阿拉伯半島引發暴力與恐慌的心智狀態。我認為，到了今天，蒙昧的心智在西方依然顯而易見，在穆斯林世界亦然。

雖然看似矛盾，穆罕默德之所以成為不朽的典範，正是因為他深根於自身的時代。如果我們不能領會他的起身反抗，就無法理解他的成就。為了瞭解穆罕默德能為現下的處境帶來何種貢獻，我們必須走入近一千四百年前，那個使他成為先知的悲慘世界，一處聖城麥加郊外的荒涼山頂。

第一章

麥加

貝都因人的部族團結激發了勇猛與無私，但只限於部族之內。這裡絕對不存在普世的人權概念。一個人只為其血親與盟友負責，並認為外人毫無價值、可以輕易犧牲，因而不屑一顧。當他必須為了族人的利益殺害異族，也不會受道德譴責……

游牧生活

事後，他發覺幾乎不可能重述那段經驗，自己當時極度痛苦地跑下岩石滿布的山坡，亟欲回到妻子身旁。他以為，有種致命的鬼怪闖進了自己睡覺的洞穴，緊緊攫抱住他，使他不得動彈，彷彿要將軀體內所有的氣息擠壓而出。在驚駭之中，穆罕默德唯一的想法就是他被「精靈」（*jinni*）攻擊了；那是一種遊蕩在阿拉伯草原的邪靈，經常引誘旅人走上迷途。這種精靈也是阿拉伯半島上，吟遊詩人和占卜者的靈感來源。一位詩人曾將自己作詩的天職形容成一種暴力的襲擊：他的精靈出其不意地現身，將他強押在地，逼迫他吐出詩文。[1]因此，當穆罕默德聽到那突兀的命令：「你應當宣讀！」立即認定自己也著了魔，於是哀求道：「我可不是詩人哪。」然而，這位攻擊者只是再度用力地擒住他，正當他以為自己再也無法承受時，卻聽見一部嶄新阿拉伯文聖典的頭幾個字從自己唇間流瀉而出，彷彿是出自他本人的意願。

他在西元六一〇年的齋戒月（Ramadan）經歷了這場異象。日後，穆罕默德會將其稱之為「命定之夜」（*layla al-qadr*）*，因為這晚使他成為阿拉（Allah）的使者，阿拉正是阿拉伯半島的至高神祇。不過在當時他其實並不明白發生了什麼事。四十歲的穆罕默德是個成家的男人；在漢志地區（Hijaz）的一座繁榮商業城市麥加，他更是位備受尊敬的商人。就像那個時代大部分的阿拉伯人，他對努赫†、魯特（基督教慣稱羅得）、易卜拉欣（基督教慣稱亞伯拉罕）、穆薩（基督教慣稱摩西）和爾撒（基督教慣稱耶穌）的故事如數家珍，也知曉有位受人期待的阿拉伯先知即將到來，但從沒想過被委派這項任務的會是**他**。在他逃離洞穴，慌亂奔下希拉山（Mount Hiraʾ）山坡時，心中甚至是充滿絕望的。阿拉怎麼會讓他陷入瘋魔狀態？精靈們反覆無常，以誤導人們為樂，詭詐的惡名昭彰。麥加的情勢十分嚴峻，他的部族不需要精靈危險的領導，需要的是阿拉直接地介入；阿拉一直以來都只是個模糊的形象，許多人相信祂就是猶太教徒和基督教徒所崇拜的神。‡

麥加的繁盛景況令人驚豔。此時，這座城市已經成為國際貿易中心，商人和金融家在此獲得巨大的財富，遠遠超越了他們過去所能期盼的。不過幾個世代之前，他們的祖先仍在阿拉伯半島北部險惡的沙漠環境過著悲慘窮苦的生活。大部分的阿拉伯人都是游牧民族而非城市居民，基於這一點，麥加確實成就非凡。當地的土地極為貧瘠，人們只能靠著不停遷徙、尋找水源與牧場維生。地勢較高的地區有一些農業聚居地，例如供應麥加大部分糧食的塔伊夫（Ta'if），以及麥加北方兩百五十英里處的雅斯里卜（Yathrib）。不過，要在草原上其他地方耕種作物就不可能了，也因此無法定居一地，游牧民族於是透過放牧綿羊和山羊、飼養馬匹和駱駝，摸索出一套簡樸的生活方式，並居住在彼此密不可分的部族群體中。因為資源稀缺，競爭太多，游牧（*badawah*）生活備極艱辛，經常朝不保夕。貝都因人（Bedouin）鮮少填飽肚子，終身處於忍飢挨餓的邊緣，這也導致部族間戰役不斷，大肆爭奪水源、草地與放牧權利。

最終，資源劫掠（*ghazu*）成為游牧經濟必不可少的一部分。物資匱乏之時，部族成

---

* 譯註：阿拉伯文的「qadr」一字具有多重意義，可能指「價值」或「天命」，「layla al-qadr」一般常見中譯為「蓋德爾夜」、「尊貴之夜」或「大能之夜」。但因作者採用的英譯為「Night of Destiny」，因此本書中譯為「命定之夜」，意即神選擇在此夜降下啟示。

† 譯註：努赫即基督教慣稱之諾亞，台灣在翻譯時多半亦遵循基督教傳統。本書為表示對伊斯蘭文化之尊重，凡是在伊斯蘭脈絡下提到列位先知時，皆採取伊斯蘭傳統中譯。

‡ 原註：在阿拉伯文中，「阿拉」一字即為「神」（God）之意。譯註：作者阿姆斯壯女士交替使用「God」和「Allah」二字，中文分別譯為「神」和「阿拉」，而在穆斯林或《古蘭經》提及神或阿拉時則譯為「真主」。

員會定期入侵鄰近聚落，奪取駱駝、牲口或奴隸，並謹慎避免殺害任何人，以防點燃一場仇殺。沒有人會認為侵襲是應該受到譴責的行為。掠奪物資是所有人都能接受的生活現實，它並非源自政治或個人的仇恨，反而更像一種民族運動，各憑本事與神通，有著清楚界定的規則。在一個資源寥寥無幾的地區，那是重新分配財富必要且權宜的方式。

部族精神

即使已將游牧生活拋諸腦後，麥加人仍然將貝都因人視為純正阿拉伯文化的守護者。穆罕默德年幼時就曾被送到他奶媽的部族，和他們一同在沙漠裡生活，以便接受游牧精神的教育，而這對他留下了深刻的影響。貝都因人對普遍的宗教興趣缺缺，他們不懷抱來生的希望，也不信任神祇，因為即便是神似乎也對嚴峻的環境束手無策。部族（而非神明）就是至高的價值，每位成員都必須把群體的福祉置於個人的需求或慾望之上；必要的話甚至得犧牲性命，來確保部族的存續。阿拉伯人沒有時間思索超自然的事物，他們被迫全心投入**此**生。在草原上，幻想是無用的，人們需要的是務實明確的現實。然而，他們孕育出一種騎士精神的準則，這種準則帶有宗教的核心功能，賦予他們的生活一種意義，支撐他們在嚴酷的條件下生存，不被絕望壓垮。他們稱這種準則為「部族精神」（*muruwah*），這個字的意義相當複雜，難以簡潔翻譯。「部族精神」代表著勇敢、耐心與堅韌，擁有為部族所受的任何侵害復仇獻身的決心，並以此保護較弱勢的成員、對抗敵人。為了維護部族的榮耀，每個成員都必須做好保衛族人的準備，隨時能夠挺身而出，並無條件地服從他的首領。

最重要的是，部族成員必須慷慨大方，分享自己的家畜與糧食。如果人們在他人挨餓時，還自私地暗藏資源，將難以在草原上生存。一個部族即使在今日富裕無缺，也很容易在明天變得一貧如洗。如果你在寬裕的日子吝嗇待人，誰又會在你需要時伸出援手呢？出於此必要，部族精神重視這種美德，鼓勵慷慨之士（*karim*）看淡物質財產，以免在面對損失時一蹶不振。一位真正崇高的貝都因人會視明日為無物，以奢侈鋪張的禮物與好客，來展現他對部族同胞的重視遠勝過自己的所有物。他必須準備好給出所有的財富——他的駱駝、牲口與奴隸，並且可以為他的朋友和盟友擺設奢華的盛宴，在一夜間將全數財產揮霍殆盡。然而，慷慨之人的大方好施也可能相當自負，並帶來自我毀滅；他可能在一夕之間讓家人陷入貧困，只為了證明流淌在血液中的高貴品格，並加強自己的地位與名聲。

部族精神是一種具有啟發性的理念，但到了六世紀末，其弱點卻變得顯而易見，並導致悲劇。部族團結（*'asibiyyah*）激發了勇猛與無私，但只限於部族之內。這裡絕對不存在普世的人權概念。一個貝都因人只為其血親與盟友負責，並認為外人毫無價值、可以輕易犧牲，因而不屑一顧。當他必須為了族人的利益殺害異族，也不會受道德所擾，絲毫不浪費時間在哲學性的抽象概念，不作倫理面的思索。既然部族就是最神聖的價值，無論對錯，他都義不容辭。一位詩人曾吟唱道：「我屬嘎濟雅（Ghazziyya）一族。若她步入歧途，我便身陷謬誤；若嘎濟雅邁向正道，我便忠心跟隨。」[2]或如同一句廣為流傳的格言：「無論你的兄弟受人欺侮或欺侮他人，都要兩肋插刀。」[3]

每個部族都擁有獨特的精神標誌，阿拉伯人相信部族的非凡精神就像其他生理與心理的特質，沿襲自創族之先父，並代代傳承。他們將這種部族榮光稱為「祖傳榮耀」（*hasab*）。[4]部族成員將先祖視為異稟天賦的源頭，尊崇先人為至高的權威，因而無可避免地導致一種根深柢固的保守傾向。遠祖留給後代的傳統生活方式（*sunnah*）神聖而不可侵犯。「他所歸屬的部族擁有祖輩立下的生活之道。」另一位詩人解釋，「每個族群都有自己傳統的生活方式；每個族群都有自己效仿的對象。」[5]而任何偏離祖傳習俗之舉，無論多麼輕微，都是罪大惡極。一個行為之所以被認可，並不是因為其固有的正當或崇高，純粹是因為久遠以前曾受先祖贊許。

貝都因人無法承擔創新試驗的代價。忽略通往水泉的道路（*shari'ah*）*是不負責任的行為，形同犯罪，因為自無法追溯的遠古開始，你的族人便謹守著這一條維生之途。你學會靠著遵守一系列的規則來生存，而那些規則的價值早已透過經驗獲得證實。可是，對傳統的無條件接受卻衍生出猖獗的沙文主義：你將認定自己部族的傳統無可匹敵，也無法思索出其他的生活方式。你只能維護部族的榮光，拒絕屈從於任何其他的權威，無論人神。人們期待慷慨之士驕傲、利己、自力更生，並且擁有激進的獨立性格。傲慢並非過錯，而是高貴的象徵；相對而言，謙遜則代表你來自殘缺的家系，沒有貴族的血液。一個出身卑微之人，在基因上就注定成為奴隸（*'abd*），那是唯一適合他的身分。一位名符其實的慷慨之士則不會臣服於任何人。「我們不容順從於任何人的領導，」一位詩人如此吟唱，「直到我們親自統領眾人，甚至擺脫節制的韁繩！」[6] 即使面對一位神祇，慷慨之士仍不改其目若無人的自信，因為就算是神，也比不上一個真正崇高的人。

* 譯註：shari'ah在今天意指伊斯蘭教法。

在草原上，部族需要拒絕向環境低頭的男人，以及有自信對抗壓倒性優勢的族人。不過，這種自命不凡（*istighna'*）心態可能會輕易變得魯莽且偏激。就算只是輕微的挑撥，貝都因人也很容易走上極端。[7]他們因為高度的榮譽感，而傾向以暴力回應任何他們所認定的威脅或輕蔑。此外，他們不只會自我防衛，真正的勇氣顯現在先發制人的攻擊。「一位勇猛如獅的勇士，只是反擊並譴責侵犯他的敵人」並不足夠，詩人祖海爾・伊本—阿比—薩勒瑪（Zuhayr ibn 'Abi Salma）高呼，「他應當率先發動攻勢，即使無人侮辱，他也仍是一位侵略者。」[8]部族詩人所讚頌的勇氣是一種無法抗拒的衝動，不能也不該遏制。若任何一名部族成員受辱，慷慨之士會感受到復仇的使命感蠢蠢欲動，如同身體的痛楚及折磨的飢渴。[9]這實在是一種富有悲劇性的世界觀。貝都因人試圖美化他們的奮鬥，但現實生活卻嚴厲無情，沒有翻身的希望。他們相信，所有生物都受制於機運（*dahr*），而機運會讓人類承受各式各樣的苦痛；一個人的生命早已事先注定。一切事物都終將逝去，即使是成就斐然的勇士也將衰亡而為人遺忘。如此奮鬥不息的人生帶有一種先天的徒勞，而這份絕望的唯一解方是歡愉的生活——特別是醉酒忘懷。

過去，許多貝都因人曾經試圖逃離草原，去建立一個更安全的定居（*hadarah*）生活。然而因為水源、耕地稀少，以及頻繁的乾旱，這些嘗試經常都以失敗告終。[10]一個部族若非累積了多餘的財富——這是一項幾近不可能的功績——或接管一處綠洲，如沙基夫部族（Thaqif）占領塔伊夫地區，就無法建立可以存續的定居聚落。另一種方法則是成為當地兩個或多個富裕文明間的中介者；舉例而言，在拜占庭帝國邊界求生的嘎珊部族（Ghassan），後來成為希臘人的附庸，改信基督宗教，並組成一個緩衝的小國，保衛拜占庭對抗波斯。不過在六世紀期間，交通革命開啟了新的契機。貝都因人發明了馬鞍，讓駱駝能夠載運比以往沉重許多的貨物，來自印度、東非、葉門和巴林的商人紛紛將他們的驢車替換為駱駝，因為駱駝能夠在數日未飲水的狀態下存活，是沙漠中理想的交通工具。於是外國商人不再避開阿拉伯半島，他們為了奢侈品貿易，如薰香、香料、象牙、穀物、珍珠、木材、布料和藥品，開始讓商隊穿越草原，選擇更直接的路線前往拜占庭和敘利亞，同時聘僱貝都因人來保護他們的貨物、駕馭駱駝，並指引他們移動至下一個水井。

商業與宗教之城

麥加成為北行商隊的驛站。該城坐落於交通便利的漢志中心，即使因建造於堅硬的岩石上而無法發展農業，卻靠著阿拉伯人稱為「滲滲泉」（Zamzam）的地下水源，成為人們定居的地點。早在麥加城出現以前，貝都因人可能就因為在這片不毛之地發現這奇蹟般的湧泉，而視此處為聖地。泉水吸引了阿拉伯半島各地的朝聖者，卡巴聖壇（Kabah）——一座相當古老的正方體花崗岩建築——最初可能也是擺放膜拜滲滲泉聖器的地點。在五、六世紀期間，此一泉水和聖壇（*haram*）都由一連串不同的游牧部族所掌控：朱爾罕（Jurham）、呼札阿（Khuza'ah），最後則是六世紀初的古萊須（Quraysh）；古萊須正是穆罕默德的部族，他們驅趕當地的原居民，並首次在卡巴聖壇附近興建永久性的建築。

古萊須的創族之父是古賽伊．伊本—奇拉布（Qusayy ibn Kilab），正當麥加成為熱門的遠距貿易中心之際，古賽伊成功讓數支紛爭不休的氏族言歸於好，他們彼此之間原先就有些許血緣或姻親關係，現在組成了一支新的部族。「古萊須」這個名稱可能取自「*taqarrush*」（意為「累積」或「獲得」）。[11]不若朱爾罕和呼札阿這兩個無法脫離游牧生活的部族，古萊須族獲取了尚有餘裕的資本，而使定居的生活方式成為可能。一開始，他們設法壟斷南北交易，確保只有古萊須族人能夠服務外來商隊。此外，他們也能夠控制阿拉伯半島內、受國際貿易湧入刺激的商業活動。六世紀前期，貝都因部族已經開始互相交換商品。[12]定期舉辦的市集內總是商賈雲集；這些市集每年都在不同的地區輪流舉行，而且相當有規律，商人們只須依順時鐘方向環半島移動。每年的首場市集（*suq*）始於巴林，那裡是當時人口最為密集的區域；接續是在阿曼、哈德拉馬特（**Hadramat**）*及葉門，最後則是在麥加及其周邊連續進行的五場市集。當年度的最後一場市集則在烏卡茲（’Ukaz）舉辦，緊接在朝聖（*hajj*，旅行造訪麥加和卡巴聖壇的傳統）月之前。

六世紀前半葉，古萊須族開始派遣自己的商隊前往敘利亞及葉門，逐漸自立為商人。儘管取得商業成就，他們也清楚知道自己的地位並不穩固。因為麥加無法發展農業，他們完全依靠商品交易維生；只要經濟衰敗，他們就會活活餓死。於是所有人都參與商業活動，成為商人、銀行家或金融家。游牧精神在一般的農業聚落中較能夠和農耕共存，也幾乎可以完整保存，但古萊須族被迫培養出嚴格的商業性格，使他們遠離了部族精神中的許多傳統價值。舉例來說，他們必須致力維護和平，以防草原上特有的戰事阻撓交易的進行；麥加必須成為一個各部族商人都能自由聚集的地方，沒有遭受攻擊的

* 譯註：位於阿拉伯半島南部的區域。

疑慮。為此，古萊須族堅持不涉入部族間的交戰，保持超然中立的立場。在古萊須族到此之前，滲滲泉和卡巴聖壇周邊地區聲名遠播，引發敵對部族爭權，血腥戰役頻仍。而現在，古萊須族發揮老練高明的外交手腕，以卡巴聖壇為中心，設立方圓二十英里的聖域（Haram），禁絕一切暴力行為。[13]他們和貝都因部族達成特別協議，承諾商貿活動的季節不襲擊商隊；作為回報，這些貝都因同盟獲准擔任商人的嚮導或保護者，以補償因休戰而損失的收入。

麥加的貿易與宗教也因此緊密結合。前往麥加朝聖是市集週期的最高潮，古萊須族重建了聖壇的膜拜儀式和建築，使之成為所有阿拉伯部族的信仰中心。雖然貝都因人對於敬神沒什麼興趣，每個部族仍擁有各自最崇高的神祇，通常是以石像為其象徵。於是，古萊須族蒐羅了各個同盟部族的圖騰神像，將它們安置在聖域內，讓各族族人來到麥加時可以只膜拜自己的守護神。卡巴聖壇的神聖性因而成為古萊須族成功與生存的關鍵，他們的競爭者也很清楚這一點。為了讓古萊須族減少朝聖者和生意機會，阿比西尼亞（Abyssinia）和葉門的地方長官在沙那（Sana'a）興建了另一座與之對抗的聖壇；接著又在五四七年率軍進入麥加，想以此證明該城終究無法免除戰爭。然而，據傳軍隊在抵達麥加郊區時，他的戰象跪下雙膝，拒絕進攻聖域。阿比西尼亞人對此奇蹟驚嘆不已，決定打道回府，而「象年」（The Year of the Elephant）也自此成為麥加神聖不可侵犯的象徵。[14]

不過，當時的信仰崇拜並不純粹是空洞、工具性地利用虔信，朝聖儀式也給予阿拉伯朝聖者一段深刻的經驗。當他們在市集週期結束時群聚於麥加會感受到一股安慰與成就。商隊接受古萊須族的檢核，駱駝卸下重擔，並在支付一筆小額款項後，商人和他們的侍僕就能自由造訪聖域，向聖地致敬。商隊通過郊區的狹窄街道時會一邊發出儀式的呼喊，向等待他們的神祇宣布抵達的消息。在環繞半島的漫長旅途後，與自己部族的神聖標誌重聚，就彷彿回到自己的家鄉。他們一抵達卡巴聖壇，被三百六十尊圖騰神像圍繞，便開始在麥加及其周邊地區進行儀式，這項儀式最初的目的可能是祈求冬雨。眾人會先在卡巴聖壇東邊的薩法（Safa）和麥爾瓦（Marwah）山丘間緩行七趟，接著一起跑到穆茲達里法（Muzdalifah）窪地——這裡也是雷神的所在地，在阿拉法特山（Mount ʿArafat，距離麥加城十六英里）旁邊的平原守夜祈禱，接著向米娜（Mina）谷地的三根柱子投擲小卵石。最後，終於來到朝聖儀式的尾聲，人們會獻祭最珍貴的母駱駝；母駱駝象徵著他們的財富，也因此象徵著他們自己。

最著名的朝聖儀式則為繞行聖壇（*tawaf*），即以順時針方向巡行卡巴聖壇七次，是設計藉由仿效環繞阿拉伯半島的循環交易路線，賦予阿拉伯人商業活動一種精神性的面向。繞行聖壇成為一項盛行的虔信活動，市民和他們的訪客全年都會進行這項儀式。此外，聖域的結構象徵著宇宙的原型，這種空間的意涵常見於古代世界其他城市的聖地。[15]卡巴聖壇的四個角代表四個主要方位，是為世界的象徵。聖壇東側牆面鑲嵌著一塊黑石（Black Stone），它是一塊玄武隕石，曾在燦爛火光中自天際掉落，連結著天與地。當朝聖者圍繞著巨大的花崗岩立方體行走，如同跟隨太陽繞行地球的路線，他們將自我和宇宙的根本秩序調和一致。圓形普遍象徵著整體，而在繞行儀式中，朝聖者不斷地返回起點，將引致週期規律之感。透過不斷巡行卡巴聖壇，朝聖者將學習找到自己真正的方向以及內在的核心；緩行的平穩韻律逐漸淨空被外在思緒占滿的心智，幫助他們進入一種接近冥想的狀態。

這些改革過後的儀式讓麥加成為阿拉伯半島的中心。其他朝聖者通常必須揮別家鄉，長途跋涉到遙遠的朝聖地，但阿拉伯人卻無須離開半島，這也使朝聖成為當地的一項慣例。這一切都強化了麥加於阿拉伯世界的中心地位。[16]這座城市的地理位置孤立，因而給了阿拉伯人相當罕見的自由。無論是波斯或拜占庭這兩個曾統治該區域的強大政權，都對阿拉伯半島嚴峻的地勢不感興趣，古萊須族因此得以不受帝國勢力掌控，創造出現代的經濟結構。世界行經麥加，卻不曾停留得夠久、試圖干預。阿拉伯人能夠發展出自己的思想體系，並依其所擇，詮釋文明繁盛鄰國的知識與專業技術。他們未被壓迫皈依一個外來的宗教，或是遵從官方的正統信仰。貿易週期和朝聖儀式的封閉循環，皆象徵著他們引以為傲的自給自足，隨著時間推移，這將成為其城市文化的特質。

隔離在強權之外，意謂著麥加經濟並不會因為他們財力衰敗而受到損害；尤有甚者，古萊須族尚能夠因此獲利。到了穆罕默德誕生的五七〇年，波斯和拜占庭陷入一連串折兵傷財的交戰，兩大帝國的勢力遭到重創。敘利亞和美索不達米亞淪為戰場，許多貿易路線遭到荒廢，而麥加則在此時掌握了南北之間所有的中介交易。[17]古萊須族甚至變得更為強大，然而，有些人已經開始認為他們為古萊須族的成功付出了過高的代價。到了六世紀的尾聲，麥加城已無法擺脫信仰與道德危機。

過去的共有精神已經被市場經濟破壞殆盡，因為商業貿易必須依靠殘酷的競爭、貪婪與個人的進取心。各個家族之間開始競爭資源和名望，較弱勢的氏族*自覺被逼入絕

* 原註：「氏族」（clan）和「部族」（tribe）這兩個詞的意義不易區分，但在這裡「氏族」意指部族中的家族群體。

境。人們不再慷慨地分享財富，而是積聚金錢、增進私人財產。他們不僅無視部族中較貧窮成員的窘境，更剝削孤兒與寡婦的權利，將他們的繼承物納入自己的資產。對於這份新的安定，富人自然甘之如飴，相信他們的財富使其免於游牧生活的窮困與悲慘。然而，在一窩蜂競逐名利的行列中，落後者卻感到無依無靠。部族精神的原則似乎與市場力量相悖，許多人陷入一個心靈無所寄託的困境。舊有的理念尚未被任何具有相同價值的概念取代，深植內心的共有精神告訴他們，猖獗的個人主義將會侵害部族；唯有成員傾注所有資源，部族才可能長久存續。

不安的年代

穆罕默德誕生於麥加最負盛名的氏族——哈須彌（Hashim）。他的曾祖父是首位和敘利亞、葉門進行獨立貿易的商人；這支氏族也因為在朝聖時提供信徒用水而聲譽卓著，因為供水是城市中最重要的服務之一。然而，這段時間哈須彌氏族卻日漸衰微。穆罕默德的父親阿布杜拉（'Abdullah）在他出生前便已逝世，他的母親阿米娜（Aminah）也落入經濟拮据的困境，據傳，唯一一位願意擔任穆罕默德奶媽的貝都因女性，來自阿拉伯半島最貧窮的部族之一。穆罕默德直到六歲都與奶媽同住，在最嚴峻的時期經歷了游牧生活。他被帶回麥加後不久，母親就過世了。兩次喪親對穆罕默德影響甚鉅；日後我們將會看到，他總是相當關注孤兒的處境。

穆罕默德仍在世的親戚待他十分親切。一開始他與祖父阿布杜—穆塔立卜（'Abd al-Muttalib）一起生活，祖父在壯年時曾是成就非凡的商人。這位長者相當疼愛穆罕默德。他喜歡請人將他的床搬到戶外，讓他能夠躺臥在卡巴聖壇的陰影之下，享受兒孫們的圍繞陪伴。穆罕默德經常坐在他身旁，讓祖父親暱地撫觸他的背。然而，祖父逝世後，年僅八歲的穆罕默德卻沒有繼承到任何東西。較強勢的親戚掌控了遺產，穆罕默德則搬去與叔叔阿布—塔里布（Abu Talib）同住。當時他的叔叔是哈須彌氏族的首領（*sayyid*），即使生意逐漸衰退，在麥加仍十分受人敬重。阿布—塔里布非常喜愛他的姪兒，他的兄弟也協助穆罕默德的教育；其中最年輕的弟弟漢姆札（Hamzah）力大無窮，由他教導穆罕默德武術，使其成為技巧高超的弓箭手和幹練的劍士。另一位叔叔阿巴斯（'Abbas）是一位銀行家，他替穆罕默德找到了一份管理商隊的工作，經營前往敘利亞北段旅程的事務。

年輕的穆罕默德在麥加頗受眾人喜愛。他面貌英俊，個子不高不矮，身材健壯結實。他的頭髮和鬍子濃密捲曲，神態高雅出眾，笑容爽朗迷人——所有文獻都提及這一點。他對每件事都堅定果決、全神投入，一旦專注於眼下的任務，即使荊棘叢鉤住了他的斗篷，也絕不回頭。他與某人談話時，必定會轉過整個身子，正臉面對談話的對象。他握手時，絕不會率先收手。他因此備受信任，而被稱為「阿敏」（*al-Amin*），意為「可靠者」。然而，他的孤兒身分經常成為阻礙；他曾欲娶堂親法熙塔（Fakhitah）為妻，但阿布—塔里布拒絕他的提親，微婉表示穆罕默德無法負擔妻子的生計，並找到一位對她更有利的丈夫。

不過當穆罕默德差不多二十五歲的時候，命運改變了。他的一位遠房親戚哈蒂嘉．賓特—胡維立德（Khadijah bint al-Khuwaylid），請穆罕默德協助帶領商隊前往敘利亞。哈蒂嘉出身阿薩德氏族（Asad），在當時的影響力已經遠勝過哈須彌氏族，並在她的丈夫過世後成為一位成功的商人。儘管底層的麥加女性絲毫沒有地位可言，但都市生活往往給予女性菁英在商業上大展身手的機會。穆罕默德出色地完成了這趟遠征任務，博得哈蒂嘉的青睞，進而向他求婚。她需要一位新的丈夫，而她的這位親族天賦異稟，正是適合的人選：「我因為我們的關係喜歡你。」她告訴他，「也因為你在族人間擁有崇高聲譽，你信實可靠、品行良善、待人真誠。」[18]有些穆罕默德的評論者對他與富有寡婦適時結婚一事嗤之以鼻，但這段婚姻並非權宜之計。穆罕默德深愛哈蒂嘉，即使在阿拉伯半島一夫多妻相當普遍，他也不曾在她在世時娶更年輕的女孩為妻。哈蒂嘉是一位傑出的女性，「果決、高貴又聰慧」，穆罕默德的首位傳記作家伊本—易斯哈格曾如此形容她。[19] 她是第一位發覺丈夫資質的人，而或許是因為穆罕默德在極年幼時喪母，讓他在情感上十分依賴哈蒂嘉，仰賴她的建言與支持。在她死後，穆罕默德甚至因時時吟唱讚美她，而觸怒後幾任妻子。

哈蒂嘉和穆罕默德成婚時可能已超過三十五歲，但仍替他生下六個孩子。他們的兩個兒子——嘎希姆（Al-Qasim）和阿布杜拉（'Abdullah）——在嬰兒時期早夭，不過穆罕默德相當寵愛另外四個女兒宰娜卜（Zaynab）、盧蓋雅（Ruqayyah）、烏姆—庫勒蘇姆（Umm Kulthum）和法蒂瑪（Fatimah）。雖然穆罕默德堅持把家中大部分的收入捐贈給窮人，但他們的家庭仍然幸福美滿。此外，他也把兩個窮困的男孩納為家庭成員。在他和哈蒂嘉婚禮當天，哈蒂嘉送給他一名來自北方部族的年輕奴隸，名為宰德・伊本—哈里斯（Zayd ibn al-Harith）。宰德十分敬愛他的新主人，當他的家人帶著一筆錢到麥加要為他贖身，穆罕默德也願意還他自由之身，他卻請求留在領養他的主人身邊。數年後，阿布—塔里布遭逢財務危機，於是穆罕默德將他的五歲兒子阿里（'Ali）納為養子，以減輕叔叔的負擔。他深愛這兩個男孩，待之如己出。

我們對穆罕默德早年的生活所知甚少。不過，從他晚期的生涯可以看出，他已經敏銳覺察出心神抑鬱的現象在年輕世代蔓延，青年開始對競爭激烈的市場經濟感到侷促不安。古萊須族推行的階級區隔大大違背部族精神的理念。幾乎就在他們掌控麥加之際，較富裕的古萊須人便居住在卡巴聖壇旁，較弱勢者則落腳在郊區或城外的山區。他們拋棄游牧民族慷慨的美德，變得吝嗇小氣，還將其稱為精明的生意頭腦。有些人不再屈從於宿命論，因為他們知道自己已經成功翻轉自己的命運。他們甚至相信財富能夠在某種程度上帶來永生。[20]其他人則是逃避到紙醉金迷的生活，創立追求愉悅的宗教。[21]就穆罕默德所見，古萊須族逐漸大量揚棄部族精神最好的面向，只留下最壞的特質：魯莽、傲慢、自負，而這將會毀壞道德，並使這座城市走向衰敗。他深信，社會改革必須奠基於嶄新的精神性解方，否則將會淪於表面。他或許明瞭，自己在更深層的層次上擁有出眾的天賦，但他能做些什麼呢？沒有人會認真看待他的意見，儘管他與哈蒂嘉成婚，他在城裡並未享有真正的地位。

許多人在精神上感到焦慮不安。當時，定居的阿拉伯人居住在漢志地區的城鎮和農業聚落，已經發展出一種不同的宗教視野。相較於貝都因人，他們更相信神祇，但他們初步的有神思想（theism）並未深根於阿拉伯半島。只有非常少數的神話故事在描繪各式各樣的神祇。阿拉是最重要的神，並被尊崇為卡巴聖壇之主，但祂只是個模糊的形象，對人們的日常生活影響甚少。就像其他在古代宗教中常見的「大神」（high gods）或「天神」（sky gods），並未發展出以阿拉為主的信仰，也不曾有人描繪過阿拉的肖像。[22]所有人都知道阿拉創造了世界，祂使每個人類胚胎在子宮中生長，祂也是雨水的贈予者，但這一切都只是抽象的信仰。有時阿拉伯人會在緊急狀況下求助阿拉，可是一旦危險遠離，他們便將祂拋諸腦後。[23]阿拉甚至就像一位缺席、不負責任的父親；祂在讓男人和女人誕生後，就對他們不聞不問，置之不理，任由他們受各自的命運掌控。[24]

古萊須族也崇拜其他神祇。其一為胡巴勒（Hubal），卡巴聖壇中立有一塊巨大的淡紅色石頭，即為祂的代表。[25]另外還有三位女神——拉特（Al-Lat）、烏札（Al-Uzza）、瑪納特（Manat），人們多稱祂們為「阿拉的女兒」（*banat Allah*），在定居社群中相當受到愛戴。祂們也以巨人的立石為象徵，聖壇分別位於塔伊夫、納赫拉（Nakhlah）及古代德（Qudayd），結構和麥加的聖域十分相像。雖然祂們的位階低於阿拉，但經常被稱作祂的「友伴」或「同伴」，並將祂們比擬為美麗的鶴鳥（*gharaniq*），飛得比其他所有鳥類都要高。即使這些女神沒有在麥加的聖壇，古萊須族人仍熱愛祂們，請求女神們能夠代表他們，與無法觸及的阿拉居中調解。他們繞行卡巴聖壇時，經常會反覆唸誦這段禱詞：「拉特、烏札，以及另外第三位的瑪納特，祂們確是崇高之鶴，一同祈求祂們替我們說情。」[26]

偶像崇拜是一項較新的宗教熱忱，是由一位麥加的長者由敘利亞引入的觀念，當時他認為這些神像能夠帶來雨水；然而，許多信仰習俗的源頭已難以追溯。舉例來說，為何那些女神被視為阿拉的女兒？尤其當時阿拉伯人認為生下女兒是不幸的事，經常殺害女嬰。阿拉伯半島的眾神並未給予信徒道德指引；即使宗教儀式帶給他們心靈上的撫慰，有些古萊須族人漸漸開始認為，這些石像並非神祇的恰當象徵。[27]

可是，有什麼替代選項呢？阿拉伯人知曉兩個一神宗教——猶太教和基督教。猶太人在巴比倫和羅馬勢力入侵巴勒斯坦後遷居阿拉伯半島，可能已居住超過千年。他們是首批在北方的雅斯里卜和亥巴爾（Khaybar）定居的民族，形成農業聚居地；在城鎮中可見猶太商人，草原上也有猶太游牧民族的身影。他們保有自己的宗教信仰，組織自己的部族，但與當地人通婚，實際上已難以和阿拉伯人區分開來。他們說阿拉伯語，取阿拉伯名，和他們的阿拉伯鄰居以同樣的方式組織社會。此外，因為有些重要的基督教社群，分布在葉門以及拜占庭邊境地區，部分阿拉伯人已經改信基督教。麥加商人在旅途中會遇上基督教的僧侶和隱士，對爾撒（耶穌）的故事、天堂和最後審判的觀念都相當熟悉。他們稱猶太教徒和基督教徒為「有經書的子民」（*ahl al-kitab*），相當欣賞神啟文本的概念，也希望有本神聖經典是以他們的語言寫成。

不過當時，阿拉伯人並不認為猶太教和基督教是從根本上迥異於他們的獨特傳統；甚至，「猶太教徒」或「基督教徒」一字通常是用來指稱部族的歸屬，而非宗教傾向。[28]這些信仰是半島的宗教風景中廣為接受的一部分，而且能夠與阿拉伯的精神信仰共存。因為沒有帝國勢力試圖強加任何形式的宗教正統，阿拉伯人可以自由調整他們對這些傳統的理解，以因應自己的需求。他們相信，阿拉是猶太教徒和基督教徒崇拜的神，於是阿拉伯基督教徒會造訪卡巴聖壇──阿拉的住所，與異教徒並肩朝聖。傳說阿丹（基督教慣稱亞當）被逐出伊甸園後，建造了卡巴聖壇，努赫（諾亞）在大洪水後又重建之。古萊須族人知道《聖經》中寫道，阿拉伯人是易卜拉欣（亞伯拉罕）的長子──伊什瑪儀勒（基督教慣稱以實瑪利）的子嗣，神曾要求易卜拉欣，將伊什瑪儀勒和他的妻子夏甲（Hagar）拋棄在荒野中，並承諾會將他們的後代變成一個偉大的民族。[29]後來，易卜拉欣曾到沙漠探訪夏甲和伊什瑪儀勒，而再度發現這座聖壇。他便又和伊什瑪儀勒改建了聖壇，並設計出朝聖的儀式。

所有人都知道，阿拉伯人和猶太人是親戚。羅馬時代的猶太歷史學家約瑟夫斯（**Josephus**）曾闡述，阿拉伯人在兒子十三歲時為他們進行割禮，「因為他們民族的創始者伊什瑪儀勒，即易卜拉欣和他的妾生下的兒子，正是在那個年紀實行割禮」[30]。阿拉伯人不認為有改信猶太教或基督教的必要，他們相信那些一神教徒早已是易卜拉欣家族的成員；事實上，對古萊須族人而言，從一個信仰皈依另一個信仰是一個相當陌生的觀念，因為他們的宗教觀是兼容多元的。[31]每個部族都到麥加崇拜自己的神祇，那些神像就在聖域內，和阿拉的住所並立。阿拉伯人並不理解封閉信仰系統的概念，也不認為一神教與多神教水火不容。阿拉在卡巴聖壇中被一圈偶像環繞，阿拉伯人視祂為眾神之主，就如同有些《聖經》作家認為耶和華「勝過其他所有神祇」[32]。

然而，有部分的阿拉伯定居者愈來愈不滿於異教的多元化，並嘗試創造一個在地、阿拉伯的一神教。[33]在穆罕默德接獲首次啟示前不久，這群人退出了聖域的宗教生活。他們告訴族人，一直繞著黑石奔跑毫無意義可言，「無所見、無所聞，無所傷，亦無所益」。這些人認為，阿拉伯人已經「敗壞先父易卜拉欣的宗教」，於是他們要去追尋「哈尼夫信仰」（*hanifiyyah*）——他的「純粹宗教」。[34]不過，這並非一支完整組織的教派。這些哈尼夫（*hanif*）*都鄙視石像崇拜，並相信阿拉是唯一的神，但每個人對此一信念的詮釋不甚相同。有些人期待一位身負神聖使命的阿拉伯先知，來復興原初的易卜拉欣宗教；其他人則認為不需要先知，人們可以憑藉自己，主動回歸哈尼夫信仰。有些人傳播死者復活和最後審判的觀念；其他人則皈依基督教或猶太教，作為易卜拉欣宗教（*din Ibrahim*）被完整建立前的過渡。

這些哈尼夫對同代人的影響甚微，因為他們大多只關心自身的救贖。他們毫無慾望改革阿拉伯半島的社會或道德生活，信仰理念也相當消極。他們並不打算創造新的宗教，而僅是脫離主流。此外，「哈尼夫」這個字可能是取自HNF的字根†，意為「轉身背離」。這些人很清楚自己**不要**什麼，但卻沒有該走向何方的積極觀念。然而，哈尼夫運動是七世紀初阿拉伯半島在宗教上躁動不安的徵兆，我們也知道穆罕默德和麥加三位主要的哈尼夫關係密切。伍拜達拉．伊本—賈赫胥（'Ubaydallah ibn Jahsh）是他的表弟，瓦拉嘎．伊本—瑙法勒（Waraqah ibn Nawfal）則是哈蒂嘉的表親；這兩人後來都

---

* 譯註：「*hanifiyyah*」一字的阿拉伯文字根帶有「轉向一側」之意，代表背離偶像崇拜的理念。抱持這種信念的人則被稱為「哈尼夫」。他們信仰一神，但不隸屬於猶太教、基督教或伊斯蘭教。

† 譯註：在阿拉伯文中，除了長母音外，單字基本上是由子音字母構成，母音發音會隨字的意義而改變。因此在標註字根時，通常也只會寫出子音，而沒有母音。

改信基督教。宰德・伊本─阿姆爾（Zayd ibn ‘Amr）是一位激烈攻擊麥加異教而被趕出城外的哈尼夫，他的姪兒後來變成穆罕默德最可靠的門徒之一。因此，穆罕默德似乎屬於哈尼夫的圈子，可能也和宰德擁有相同的渴望，期待神的指引。在宰德被逐出城外之前的某天，他駐足於卡巴聖壇旁，大肆抨擊聖域宗教的腐敗，但他乍然陷入沉默，又哭喊道：「阿拉啊！我如果知道祢希望人們如何崇拜祢，我必定那樣拜祢，但我一無所知。」[35]

命定之夜

穆罕默德也在尋找新的解答。數年來，他在哈蒂嘉的陪伴下，每逢齋戒月都會到希拉山上隱居冥修，同時分發救濟品給到山洞來拜訪他的窮人，虔誠禱告。[36]我們並不清楚穆罕默德為何這麼做，但有些文獻認為這些善行始於他的祖父。他們似乎將社會關懷與信仰儀式結合在一起，其中儀式可能包含深深拜倒在阿拉之前[37]，以及密集繞行卡巴聖壇。此時，穆罕默德也開始做一些神祕的夢，閃耀著希望與前景的光輝，「宛若晨光破曉」乍現在他眼前，這是一種阿拉伯文的說法，用來表達陽光突破東方土地的黑暗，沒有晨曦朦朧，而是在頃刻間讓整個世界轉變。38

他經歷到那場戲劇性的駭人侵襲大約是在六一〇年，他退隱希拉山的期間。那彷彿自他生命深處擠壓出來的話語，直指麥加問題的根源。

以你創造主之名宣讀——
那自胚胎中造人的主。

宣讀你的主是無所保留
他以筆教誨
闡釋人類不曾理解之事

人類暴戾專橫
以為擁有能使他安適
你的主方為一切回歸

這段詩節是古萊須族人相信阿拉創造他們的引伸。它指出部族精神引以為傲自給自足是一種誤解，因為人類全然仰賴神。最後，阿拉強調祂並非一個遙遠、抽象的神祇，而且亟欲引導和帶領祂的創造物，因此人們必須「接近」祂。不過，不能抱持高傲的自負接近神，應當在祂面前俯首，如同恭順的奴僕；神命令道：「讓你的頭碰觸土地！」[39]——這是個會讓傲慢的古萊須族人憎惡至極的姿勢。從一開始，穆罕默德的宗教就和部分部族精神的基礎原則背道而馳。

當穆罕默德恢復理智後，內心極度驚懼，想著他在信仰上付出這麼多努力後，竟被精靈侵擾，讓他動了輕生的念頭。絕望的他逃離洞穴，開始攀爬上山峰，打算跳崖自殺。但在那裡，他看到另一幅景象。他看見一個巨大的形體占滿地平線，站立著「凝視他，既不向前也不退後」[40]。他試圖移開視線，但他事後表示：「無論望向何方的天空，都看見那形體在我眼前。」[41]那是啟示的聖靈（*ruh*），後來穆罕默德稱之為吉卜利勒（Gabriel，基督教慣稱加百利）。不過那聖靈並非美麗、自然寫實的天使，而是一種超然的存在，使凡人無能為力，使空間的區隔失效。

穆罕默德陷入驚恐，仍無法理解所發生的一切，踉蹌跑下山去見哈蒂嘉。當他來到她身邊時，嚇得用雙手和雙膝在地面上爬行，身體如痙攣般顫抖。「掩護我！」他大喊著，撲向她的懷中。哈蒂嘉以一件斗篷包裹住穆罕默德，雙臂擁抱著他，直到他的恐懼退去。她對於啟示深信不疑，堅持那一定不是精靈。神絕對不會殘酷地玩弄誠心試圖服侍祂的人。「你對待族人親切又體貼。」她提醒他，「你幫助窮人和孤苦者減輕負擔。你全力恢復眾人早已遺失的崇高品格。你尊敬訪客，對遭逢不幸者伸出援手。親愛的，那絕不可能是精靈。」[42]當時，穆罕默德和哈蒂嘉可能討論了他們對一個宗教的真正本質的初步理解，那本質超越儀式的展演，而需要實際的憐憫之心，以及長久在道德上的努力。

為了讓穆罕默德安心，哈蒂嘉去請教她的表親瓦拉嘎，這位哈尼夫讀過「有經書的子民」的聖典，能夠給予他們專家的意見。瓦拉嘎為此歡欣鼓舞：「老天！老天！」當他聽完事情的經過後，如此叫喊著。「哈蒂嘉啊，若妳真的如實以告，那麼早先降臨在穆薩身上的偉大神性，現已來到他的面前。妳瞧，他正是他族人的先知哪。」[43]後來瓦拉嘎在聖域碰見穆罕默德時，親吻了他的額頭，警告他這不會是個簡單的任務。瓦拉嘎年事已高，所剩時間不多，但他希望在穆罕默德被古萊須族人逐出城外時，自己仍未嚥下最後一口氣，能夠幫助他。穆罕默德聽完十分驚愕，他無法想像在麥加以外的地方生活。他們真的會趕走他嗎？他沮喪地問道。瓦拉嘎哀傷地告訴他，先知總是會在自己的故鄉盡失榮光。

先知生涯的開端相當艱辛，充滿恐懼、焦慮和迫害的威脅。然而，《古蘭經》裡保存了希拉山經歷的另一個版本，將聖靈下降描繪成一次奇妙、溫柔且和平的事件，類似於爾撒待在瑪利亞子宮內的概念。[44]

我在那命定之夜確已降下他
該如何向你訴說何謂命定之夜？
那命定之夜勝過一千個月
眾天使下降——聖靈伴隨她——
　奉他們的主的命令，為一切事務而降臨
那夜她是平安的，直到黎明升起[45]*

這段《古蘭經》篇章（*surah*）隱含著男性和女性界線的模糊，尤其是代名詞，這個特點經常因翻譯而消失。而在《古蘭經》中，「該如何向你訴說？」這個疑問句經常引入一個穆罕默德的首批聽眾相當陌生的概念，暗示他們即將進入一個難以言喻的領域。此處穆罕默德自己隱身，消失在希拉山上的這場戲中，那個夜晚（*layla*）則站上舞台的中央，彷彿一個女人在期盼她的愛人。命定之夜開啟天地溝通的新時代。最初與神性相遇的畏懼已逝，取而代之的是充溢暗夜的平靜安詳，世界正在等待破曉。

穆罕默德一定能夠瞭解德國歷史學家魯道夫・奧托（Rudolf Otto）的理論，這位學者將神聖描述為同時令人畏懼又喜樂的神祕經驗。它不可抗拒、令人怵惕恐懼，但它也會讓人的內心充滿「歡愉、喜悅，以及一種高漲的和諧與親密交流之感」[46]。啟示無法以三言兩語描述完全。穆罕默德經驗的複雜性，讓他在與任何人談論這次經歷時都十分謹慎。在希拉山上的經歷後，又出現更多次的顯像——我們無法確知其次數——接著，神聖之聲突然靜默，不再有更進一步的啟示，使穆罕默德惶惶不安。

那是一段極致孤寂的時期。到底穆罕默德仍是受騙了嗎？那個形體是否只是一個調皮的精靈？還是神發現他失格而拋棄他？整整兩年，大際一直冷酷地封閉。接著，光明燦爛的保證突來乍到，黑暗隨即驅散。

---

* 譯註：本書的《古蘭經》經文中譯，參考各個《古蘭經》中譯版本及原文英譯修改潤飾而成，可以參見：http://www.islam.org.hk/cqse/cqse.asp。

誓以早晨
誓以寂靜時的黑夜
你的主並未棄絕你
也並未厭惡你

後世於你
確比今世更好
你的主必將賞賜你
以至你喜悅

難道祂沒有發現你伶仃孤苦
　而使你有所歸宿
發現你徘徊歧途
　而把你引入正路

發現你飢腸轆轆
而使你飽食豐足
至於孤兒——
你不要壓迫他
至於求助者——
你不要喝斥他
至於你的主所賜予的恩典——
你應當宣示它[47]

如此，阿拉保證祂並未拋棄祂的創造物，並提醒男人和女人仿效祂無盡的仁慈與慷慨。經歷神的關愛的人類，有責任幫助孤兒和困苦者。任何明瞭遺棄、飢餓與壓迫為何物之人，在任何情況下，都必須拒絕將同樣的痛苦施加於他人。這則啟示終於告訴穆罕默德，是時候向古萊須族人「宣示」神的訊息了，可是他們會如何回應呢？

第二章

蒙昧

可是穆罕默德沒有一絲政治野心。彷彿為了消除批評者的疑慮，神堅定地告訴他，絕對不能追求公職。他只是一名「警告者」、一個帶來告誡的使者。身為先知必須無私奉獻，他不應自負地吹捧自己的主張，或是蔑視他人的感受，而應該時時將社群福祉置於首位。先知最重要的身分就是順服者，也就是「那些順服自身於阿拉的人」之一。

最初的歸信者

他悄悄著手進行，和一小群朋友和家人談論他的啟示經驗，他們也成為熱忱支持的門徒，深信他就是眾人等待已久的阿拉伯先知。不過，穆罕默德發現，大部分的古萊須族人幾乎不可能接受他的說詞。一直以來，阿拉的使者都是傑出卓越的人物，有些甚至施展奇蹟。穆罕默德怎能和穆薩或爾撒平起平坐？古萊須族人從小看著他長大，看著他在市集忙於生意、像一般人一樣飲食。他們早已揚棄許多部族精神的價值，卻保留其中最菁英、貴族的觀點，預期神會從幾支較高貴的氏族中，選擇一位出身良好的慷慨之士，而不是卑微的哈須彌氏族成員。當穆罕默德要求他們拋棄高傲的自尊，違反先祖傳統時，他們會如何回應呢？

即使是在這初期階段，穆罕默德都遭遇反對聲浪。哈蒂嘉、他們的女兒們、阿里、宰德都無條件接受他的新身分，而雖然他的叔叔阿布—塔里布繼續給予他關愛與支持，卻對他魯莽地背離祖先的權威深感痛心。穆罕默德正在使家族分裂。他的堂表親——賈俄法·伊本—阿比—塔里布（Ja‘far ibn Abi Talib）、阿布杜拉（‘Abdullah）和伍拜達拉·伊本—賈赫胥，以及他們的妹妹柴宰娜（Zaynab）——皆相信啟示，但他的叔叔阿巴斯和漢姆札則否，儘管他們的妻子也都相信了。穆罕默德的女婿、娶了其女宰娜卜的阿布—阿斯（Abu l-‘As）拒絕考慮接受新的信仰。當然，這對穆罕默德來說相當苦惱。家族團結是一項神聖的價值，而就像其他阿拉伯人，他十分尊重部族和氏族裡的長者。他原先期待長者們能夠起到領導的作用，結果是年輕世代回應了他的訊息。啟示已經開始將穆罕默德推離常軌。他不得不注意到許多追隨者都來自較底層的階級，多數皆為女性，其餘則是被解放的自由民、侍僕和奴隸。其中最先跟隨他的奴隸是畢拉勒（Bilal），他是一個聲如洪鐘的阿比西尼亞人。當穆斯林聚集在聖域祈禱時，穆罕默德發覺他身邊都是「城裡的年輕人和弱者」[1]。穆罕默德溫暖地歡迎他們加入這個小團體，但也必定思忖著這樣一群邊緣人的運動如何能夠成功。甚至，有些對啟示一無所知的古萊須族長者，開始詢問他為何和這群不像樣的人們結夥。

那些「弱者」並非全都窮困潦倒，這是一個屬於部族文化的用語，用來指稱部族地位低下，而非貧窮。此時，穆罕默德最熱心的追隨者是他的朋友阿提格・伊本—歐斯曼（‘Attiq Ibn ‘Uthman），通常以其美名（*kunya*）阿布—巴克爾（Abu Bakr）廣為人知。*他是一名成功富裕的商人，但如同穆罕默德，出身自一支情勢艱困的「貧弱」氏族。阿布—巴克爾「受人喜愛、舉止大方」，伊本—易斯哈格如此描述；他是一位親切、平易近人的男性，特別擅長解夢。[2]許多年輕世代的青年深受麥加赤裸嗜血的商業競爭所擾，經常向他尋求建言。有些年輕人感受到身陷急迫的個人危機，他們渴望打破令人窒息的氛圍，也與父母漸行漸遠。有位青年夢見他出身較強勢氏族之一、擔任重要金融家的父親，正試圖把他推入火坑；接著，他感受到有一雙強而有力的手拉住他，讓他安然無恙，在他醒來的那一刻，他意識到拯救他的人是穆罕默德。[3]另一位來自名望氏族阿布杜—夏姆斯（'Abd Shams）的年輕人，在做了一個夢之後也來向阿布—巴克爾諮詢；在夢中，他聽見沙漠裡有一個聲音放聲哭喊：「沉睡者，甦醒吧！」並聲稱有位先知已現身麥加。[4]這兩位青年後來都成為穆斯林，但前者盡可能不讓父親知道他的新信仰，而後者的改信使他氏族的長者大大不悅。那些長輩都是麥加最具影響力的人物。

那些啟示揭露了城市裡的社會問題。多年來，青年與長者、富人與窮人、男性與女性之間，都存在著難以化解的鴻溝。當時麥加的情勢可謂病入膏肓。降下給穆罕默德的聖典，逐節、逐章地譴責這樣的不平等；部族宗派之間強取豪奪，弱肉強食。[5]任何內

* 原註：習俗上，阿拉伯人通常在第一個兒子出生後，冠上榮耀的頭銜，稱之為「美名」。「阿布—巴克爾」意為「巴克爾的父親」，他的妻子則會被稱為「烏姆—巴克爾」（Umm Bakr），意為「巴克爾的母親」。穆罕默德也以「阿布—嘎希姆」（Abu al-Qasim）之名著稱。

部分歧的社會都將覆滅，因其違反了事物的本質。這是一個驚懼駭人的時期；波斯和拜占庭連年的戰事似乎宣告了舊世界秩序的終結，而甚至在阿拉伯半島上，連年的戰火已經搞得民不聊生。在近二十年內，傳統上短期且劇烈的資源劫掠，逐步變成漫長的武裝戰爭，而導致前所未有的乾旱與饑荒。當地瀰漫著一股大難臨頭的末日感。穆罕默德深信，除非古萊須族洗心革面、改弦更張，否則面對似將吞噬世界的無秩序狀態，他們也將成為受害者。

阿拉的話語

在阿拉的啟發下，穆罕默德感覺自己正在孕育一個全新的解決方法，同時相信他並非以個人名義發言，而純粹是重複神啟示的話語。這個過程既痛苦又艱難。他曾說：「每次我接收啟示，總感覺我的靈魂被扯離身體，無一例外。」[6]有時訊息非常清晰，他幾乎可以清楚看見和聽見吉卜利勒。那些話語好似「落下」在他身上，如同沐浴在帶來生機的雨水中。然而，那神聖的聲音經常含糊不清：「有時啟示降下時，就像鈴鐺的迴響，這是最困難的情況；當我留意到那訊息，迴響早已減弱。」[7]他必須聆聽事件的暗流，試著發掘情勢的真實變化。他會因聚精會神而面容蒼白，用斗篷包裹住自己，彷彿是要保護自己不被雷霆之力擊毀。他轉向內心，在靈魂中尋求問題的解方，就如同詩人必須向文字敞開自我，唯有如此，才能將文字從自身深處拖曳到心智的意識層次；每當他這麼做，即使是在寒冷的日子也會揮汗如雨。《古蘭經》中，神命令穆罕默德在每一則啟示出現時專注聆聽；他必須小心謹慎，在啟示完整的重要性真相大白之前，不貿然賦予任何一段經文意義。[8]

因此，在《古蘭經》中，神直接對麥加的人們說話，把穆罕默德當作祂的傳聲筒，就如同祂透過猶太先知在希伯來文聖典中說話。於是，《古蘭經》的語言是神聖的，因為穆斯林相信，它記錄的字句是神透過某種方式親口說出的。當跟隨穆罕默德的改信者聆聽那神聖的聲音，先是由先知朗誦，後由熟練的《古蘭經》朗誦者誦讀，他們感覺自己直接與阿拉相遇。《聖經》中的希伯來文也以類似的方式，被視為神聖的語言。基督教徒則較沒有神聖語言的觀念，因為新約使用的希臘文並沒有特別神聖之處；他們的經典將爾撒這位先知本身，描述為神向人類訴說的訊息（Word）。就如同任何一部聖典，《古蘭經》因此提供了與超然存在的接觸，為脆弱、凡人的世界與神之間的鴻溝搭起橋梁。

追隨穆罕默德的改信者們熱切地等待每則新的聖訓；在他朗誦後，他們便會謹記在心，識字者則會將啟示寫下來。這部聖典中精巧美妙的語言感動、撫慰著他們，他們深信那語言必定來自神。不懂阿拉伯文的人很難欣賞《古蘭經》的美麗，因為少有翻譯能夠表達它的精妙。其內容似乎乏味地一再重複，沒有明顯的結構，沒有持續的論辯或條理分明的敘述。不過，《古蘭經》並非旨在讓人按序閱讀。在《古蘭經》最後版本的形式中，篇章任意排列，以最長的篇章為始，最短者為終，因此順序並不重要。每個篇章都包含基礎的教義，人們可以從經文的任一處進入，吸收重要的教誨。

如同當時多數的阿拉伯人，穆罕默德既不會閱讀，也不會書寫。「古蘭」（qur'an）一字的意思是朗誦。這部經典並不是用來私自細讀的，而是像大部分的聖典一樣，應該大聲朗讀它，而聲音是感受它必不可少的元素。詩歌在阿拉伯半島十分重要。詩人就是部族的代言人、社會歷史學家和文化權威，長期以來，阿拉伯人已經學會如何聆聽朗誦，並培養出極為挑剔的耳朵。[9]在年度交易集市上，詩人吟誦著他們的詩賦，激發來自半島各地的聽眾的興奮之情。麥加城外的烏卡茲集市每年都舉辦詩歌競賽，獲勝的詩歌會以金線縫繡在精緻的黑色布料上，並懸掛在卡巴聖壇的牆面。因此，穆罕默德的追隨者必定能夠領略文本中語音的暗義，是翻譯所無法捕捉的。他們發現主題、字詞、詞組和音韻的模式不斷再現——如同一首樂曲的變奏，隱約強化了原有的旋律，又加疊上複雜的層次。《古蘭經》經文刻意一再重複；這些內在的回聲讓它的理念、概念和故事結合在一起，透過具有啟發性的強調手法，鞏固其中心教義。他們連結最初看似分離的段落，合併文本中不同的構成部分，使之成為章節，精密地相互修飾與補充。《古蘭經》並非在傳授頃刻間便能完整表達的事實資訊。就像穆罕默德，聽者也必須緩慢汲取它的教誨；他們對經文的理解會隨著時間更加深刻與成熟，《古蘭經》豐厚、富含隱喻的語言和韻律，幫助他們放慢心智活動，進入一種不同的意識模式。

美國學者麥可．賽爾斯（Michael Sells）曾描述，在埃及一輛密不透風、摩肩擦踵的公車上，司機開始播放一捲《古蘭經》朗誦的卡式錄音帶時所發生的狀況：「一種冥思的平靜開始蔓延。人們放鬆神經，不再你爭我奪擠出空間。談話中的乘客減低音量，聲音變得柔和。其他人保持沉默，陷入沉思。一種共享的群體感取代了不適。」[10] 在大部分冥想的傳統中，呼吸控制都至關重要。瑜珈大師們發現，控制呼吸能帶來一種舒緩放鬆的感受，可比音樂的功效，特別是當一個人親自演奏的時候。[11]《古蘭經》朗誦者邊吟誦長的語句，邊緩慢吐氣，而當他們吸氣時，便留下沉思的短暫靜默。聽眾會自然而然一同調整呼吸，並發現這能引發一種鎮靜、療癒的效果，使他們更能領會文本中隱誨的教誨。

神並未從天際大力鼓吹明確的指示。那神聖之聲不斷改變其自稱——「我們」、「他」、「你的主」、「阿拉」或「我」——同時改變了祂和先知及其聽眾的關係。神亦非特別界定為男性。每次朗誦經文皆以此禱詞開場：「以至慈（*al-Rahman*）至仁（*al-Rahim*）真主之名。」「阿拉」一字是個陽性的名詞，但其神聖之名「至慈」和「至仁」不只在文法上屬陰性，在詞源上更和子宮有關。幾乎所有早期啟示的核心，都是一個些微擬人化的女性形象。我們可以找到一名懷胎或生產的女性的隱約暗示、一個喪失獨子的女性形象，以及對一名被失格父母殺害的女嬰的沉痛召喚。[12]在麥加這個嚴厲的父權社會，這強烈的女性氣質十分引人注目，可能也解釋了為何女人是最初回應《古蘭經》訊息的群體之一。

價值的翻轉

在早期降下的篇章中，神親密地與個人對話，經常傾向以問題的形式呈現祂的教誨——「難道你不曾聽見？」、「你可曾想過？」、「莫非你不曾看見？」因此引發每位聽者對自身的審問。這些疑問的回答在文法上經常是隱晦不定的，讓聽眾留下可供沉思的概念，而沒有決定性的解答。[13]這個嶄新的宗教並非旨在達成形上學式的確信，《古蘭經》希望人們培養出一種不同的覺醒。

基督教最後審判的概念是《古蘭經》初期訊息的核心。穆罕默德相信，麥加之所以面臨危機是因為古萊須族人不再為他們的行為負責。草原上的慷慨之士也許傲慢自負，卻視保護所有部族成員為己任。然而，古萊須族人成天忙於積聚私人財富，絲毫不曾想過「弱者」的窘境。他們似乎不瞭解自己的行為會帶來長遠的後果。為了矯正他們漠不關心的態度，《古蘭經》告誡個人必須向神解釋其行為。「審判日」（*yawm ad-din*）將會到來，而這個阿拉伯用語也帶有「吐露真相的時刻」（**moment of truth**）的隱義。[14]在生命的尾聲，人類必須面對他們過去假裝看不見的現實。他們將會經驗一次價值的大翻轉，意即一切看似具體、重要、永恆的事物其實都是夢幻泡影。在精巧而美如珠玉的經文中，這些初期降示的篇章撕下了人類妄想的遮幕。

當太陽殞滅
當星辰墜落

當山嶽動搖
當懷胎十月的母駝遭棄
當野獸被驅趕成群
當海洋沸騰氾濫……
人皆將知曉其所為之善惡[15]

太陽、月亮、星宿將消逝。甚至連沙漠中的阿拉伯人最珍貴的所有物——懷孕的駱駝也不再價值連城。唯一緊要的是個人的所作所為：

那時眾人將分批上前
被示以他們的行為
誰曾做過微塵般的善事，他將看見它
誰曾做過微塵般的惡事，他將看見它[16]

當初看似微不足道的行為會被證實至關重要；一個自私或刻薄的小小舉動，或反之，一個無意間的慷慨作為，都將成為衡量人的一生的標準，如「釋放奴隸，在饑荒日賑濟親族的孤兒，或貧困的窮人。」[17]

任何曾做出這些「正義之舉」（*salihat*）的人，將永遠在天堂（*'illiyyin*）裡享受獎賞，但那些汲汲營營於獲取物質財物的人，將在「*jahim*」中受到懲罰——這是一個奇怪的單字，經常被譯為「烈火之獄」。不過，《古蘭經》並非在宣揚一個懲奸罰惡、有啟示意味的地獄。其中形容火獄的段落，語氣悲傷多過憤怒。日後，穆斯林傳統將會闡述天堂、地獄和審判的論題，但《古蘭經》卻保持緘默，它的語言一如往常，神祕又難以捉摸。更重要的是，它驅策聽者在即刻的現下就面對審判的事實。審判日不僅僅是一個遙遠的事件，更是在此時此地發生的「吐露真相的時刻」。那些囑咐、教誨，以及現在式的使用，督促聽者每天都去面對行為背後所代表的意義。當你發現你已經把在塵世的時間揮霍殆盡，且無法挽回，你會有什麼感受？《古蘭經》殷切地問道：「你們要將人生帶往何方？」[18]人類的天性並不邪惡，但他們相當健忘，迫不及待想要將這些令人不悅的念頭拋諸腦後，因此他們需要持續的提醒（*dhikr*）。「提醒他們，」神敦促穆罕默德，「你所能做的就只是當一位提醒者。」[19]

因此，人們必須自知，對自己的作為有所意識。他們必須培養「*taqwa'*」的美德，這個字有時會翻譯為「畏懼」，但應該理解為「警覺」。* 他們必須戰戰兢兢，遠離自私、貪婪與傲慢。他們不該因害怕地獄而心生恐懼，而應深思神在自然界中慷慨好施的跡象（*ayat*），並效法祂的仁慈恩惠：

看看駱駝是如何被造化
看看天空是如何被升高
看看山嶽是如何被安置
看看土地是如何被展開[20]

整個宇宙就是一簾帷幕，遮蔽其造物主的存在。日與夜的循環往復、太陽與月亮、滋潤生命的雨水，以及人類這非凡的造物，全都是神存在的跡象。若持續、規律地思索這些跡象，人們將會察覺在他們背後這無法言喻的存在，而滿心感激。

伊斯蘭就是順服

到目前為止，古萊須族仍鄙視弱者；他們相信失敗和貧窮代表著天生缺乏貴族的血統，因此自認沒有任何義務要幫助窮人、孤兒或寡婦。然而，如果他們明白人生中無時無刻都須仰賴阿拉，他們便會覺察自身的缺陷，而對神的敬畏和讚嘆將會軟化他們的傲慢。他們將會收斂妄尊自大的心態，不再驕傲地培養出拒絕向任何生物、人或神低頭的性格。穆罕默德希望每一個麥加的男人、女人和孩童都養成謙卑的感激之心，他認為謙遜感念應成為人類境況的特質。穆罕默德並不滿足於僅僅進行社會改革；他相信若沒有內在的改造，一個純粹的政治方案將會流於表面。為了影響人的內心，他教導他的小團體一些儀式活動，以便讓他們培養這種新的態度。首先，他們會聚集禮拜（*salat*），因為虔敬的跪拜將會在日常生活中提醒他們真實的境況。禮拜會中斷他們平時的事務，幫助他們銘記在心，崇敬阿拉才是他們最首要的任務。對接受部族精神教育的男女而言，要像奴隸般卑躬屈膝極為困難，這個低賤的姿勢觸怒了許多古萊須族人。然而，禮拜

* 譯註：「*taqwa'*」一字較恰當的中譯應為「虔信」，意即時時刻刻意識到真主的存在、崇敬真主。

的身體動作象徵著對阿拉全身心的順服（*islam*）。禮拜訓練他們的身體進入比理性更深的層次，放下自私利己的衝動，不再傲慢地昂首闊步、洋洋自得。「穆斯林」（*muslim*）指的是實踐順服行為的男性或女性，自豪於成為神的奴僕。

接著，穆斯林社群（*ummah*）的成員都有義務要捐出他們一部分的收入，賑濟窮人。這樣的「課捐」（*zakat*）去除了傳統貝都因慷慨性格中的自我中心；他們不再魯莽、過度地揮霍捐贈，而是定期將分量合理的財物，捐獻給部族中勢力較弱的成員。新的慷慨之士不再一夕之間送出他所有的財富，而是勤奮不倦地施行「正義之舉」。於此階段，這個新的信仰被稱為「淨化」（*tazakka*）。[21]穆斯林透過照料貧困者、釋放奴隸、時時刻刻做出微小善行，學習讓自己浸淫在同情他人的美德之中，並將逐漸養成具有責任感的關愛精神，這樣的精神正是仿效阿拉的慷慨好施。若他們堅持不懈，將能洗滌驕矜自私之心，達致心靈的完善。

尊長的訕笑

在最初長達三年的時間裡，穆罕默德一直行事低調，只向一群謹慎挑選的對象宣道，但令他不安的是，阿拉於六一五年指示他將訊息傳達給整個哈須彌氏族。[22]「這項任務已超出我能力所及。」他如此告訴阿里，不過仍著手邀請四十位長者共進簡樸的一餐。粗茶淡飯本身就是一個訊息：不該再有過度的好客款待。[23]鋪張不只是浪費金錢的行為，更代表著不知感激，忘恩負義地揮霍阿拉珍貴的贈與。長者到場後，面對阿里僅僅送上一隻羊腿和一杯奶，都感到不知所措。阿里事後講起這個故事時，描述得像爾撒五餅二魚的奇蹟：即使那些食物只能讓一人勉強果腹，每個人仍吃飽喝足。飯後，穆罕默德起身為聚會致詞，告訴眾人他接收到的啟示，並詳細闡述這個順服宗教的原則，可是阿布—拉哈布（Abu Lahab），也就是阿布—塔里布同父異母的弟弟，粗魯地打斷他：「你被下咒了！」他高呼，接著聚會便不歡而散。穆罕默德只好隔天再度邀請他們聚集，這次他設法完成了講演：「阿布杜—穆塔立卜的兒子們哪，我知道沒有任何一個阿拉伯人替他的族人帶來更神聖的訊息。」他以此總結，「神已命令我召喚你們到祂面前。那麼，你們誰將加入我的壯旅，成為我的弟兄、我的實行者和我的繼承者？」

現場陷入尷尬的沉默，長者們面面相覷。他們全都記得穆罕默德年幼時，仰賴親戚的救濟維生，現在他怎敢自稱阿拉的先知？連穆罕默德的堂弟賈俄法，和他的養子宰德都不願出聲，但最後阿里再也忍不住了，他當時是個十三歲的憨厚男孩，他當場大喊：「神的先知啊，我將成為你任務的助手！」穆罕默德溫柔地把手放在男孩的頸上：「在你們之中，他是我的弟弟、我的實行者和我的繼承者。」他說，「你們必須傾聽並服從他。」此舉踩中了眾人的底線。於是長者們再也顧不了禮數，爆出哄堂大笑。「他竟然命令你聽兒子的話，還要你服從他！」他們邊高聲嘲笑著阿布—塔里布，邊衝出屋外。[24]

這次屈辱的失敗並未使穆罕默德卻步，他開始更廣泛地在城裡宣教，但成果不豐。儘管如此，沒有人批評他提倡的心靈改革。他們深知部族精神要求他們與較貧窮的部族成員互通有無；即使他們的確自私又貪婪，但也自知理虧。大部分的人無法接受的是審判日的概念，認為那只是無稽之談。已經在土壤中腐蝕的肉身怎麼可能再度甦醒過來？穆罕默德真的在暗示，他們尊貴的先祖將會從墳墓中起身，「站在所有生命的創造主面前」嗎？[25]《古蘭經》回應，無人能夠證明死後沒有後世；此外，若阿拉能夠用一小滴精液造人，便也能輕鬆讓死屍復活。[26]聖典還指出，那些對最後審判嗤之以鼻的人，正是那些不願悔悟、自私冷血的人：[27]當面對《古蘭經》不斷質問人生的最終價值，他們刻意充耳不聞，逃避面對良心的質疑。不過，即使抱持懷疑態度，大多數的古萊須族人都願意放任穆罕默德行動。他們都是對思想觀念辯論不感興趣的生意人，而且明白內部衝突對貿易有害。無論如何，這個由奴隸、憤怒青年和失敗商人所組成的小團體不構成真正的威脅，他們的運動也將逐漸消聲匿跡。

穆罕默德自己非常焦躁，希望能夠避免公開的決裂。他並不渴望摧毀麥加這座「眾城之母」。他知道有些古萊須族人認為他想要稱王——對阿拉伯人來說，這是個令人憎惡的念頭，因為他們極度不信任君主。可是穆罕默德沒有一絲政治野心。彷彿為了消除批評者的疑慮，神堅定地告訴他，絕對不能追求公職。他只是一名「警告者」（*nadhir*）、一個帶來告誡的使者，應當謙卑地接觸古萊須族，避免挑釁，小心不去攻擊他們的神祇。過去的偉大先知都是這麼做的。[28]身為先知必須無私奉獻，他不應自負地吹捧自己的主張，或是蔑視他人的感受，而應該時時將社群福祉置於首位。先知最重要的身分就是順服者（*muslim*），也就是「那些順服自身（於阿拉）的人」之一。[29]因為亟欲避免嚴重的衝突，穆罕默德在這個階段並未強調他訊息中的一神論內容。他就像哈尼夫，深信阿拉是唯一的神，但起初並未譴責朝向卡巴聖壇周遭石像的敬拜，或是對三隻鶴鳥的膜拜儀式。如同大部分偉大的宗教聖人，穆罕默德對正統性不甚感興趣。[30]純哲學性的思索較容易引發人們的爭辯，使群體分裂不睦。實踐「正義之舉」比堅持神學立場來得重要許多，因為後者可能會觸怒他正盡力爭取支持的人們。

魔鬼詩篇

可是，情勢正日益緊繃。六一六年，穆斯林在城外的一座峽谷進行禮拜儀式時，一些古萊須族人對他們發動攻擊。這起事件震驚了麥加的所有人，雙方都焦急地想要達成暫時協議。這可能導致了惡名昭彰的「魔鬼詩篇」事件。[31]只有兩位穆罕默德早期的傳記作者提及這則軼事，而儘管捏造事實的動機難以理解，有些學者也認為其真實性可議。那兩位歷史學家都強調當時麥加人對和解的想望。伊本—薩阿德的記述始於描寫穆罕默德亟欲避免和古萊須族人不可挽回的分裂，他「獨自坐下，祈求沒有任何他所接受的啟示會讓人群遠離」。[32]

塔巴里開始說道：

> 當這位倡導者看見他的族人轉身背離他，疏遠他從神那裡帶來的話語，令他心痛不已，他渴望有則神的訊息將會降下，讓他的族人和他和解。因為他對族人的關愛與焦慮，這則訊息將能夠激勵他，將可能消除使他的任務艱難萬分的障礙；於是他投入調停工作，希冀成功，非常重視這件事。[33]

塔巴里接著說，有天，穆罕默德和一些長者坐在卡巴聖壇旁，正在朗誦新的經文篇章，阿拉在其中試圖消除他的批評者的疑慮：這神聖之聲堅稱，穆罕默德並未蓄意引起紛爭；他並未被精靈煽動或迷惑；他曾經目睹神的真實景象，只是在告訴族人他的所見所聞。[34]可是此時，穆罕默德十分驚訝，他發現自己在唸誦關於三個「阿拉的女兒」的詩節：「那麼，你可曾思考過為何要膜拜拉特、烏札，以及另外第三位的瑪納特？」古萊須族人立刻坐起身，傾神聆聽，因為他們喜愛這些替他們向阿拉求情的女神。「祂們確是崇高之鶴，」穆罕默德繼續說道，「祂們的說情受到認可。」

塔巴里聲稱，是「引誘者」（*shaytan*）將那些字句放入先知的口中。對基督教徒來說，這是相當駭人的描述，因為他們視撒旦（Satan）為醜陋邪惡的化身。《古蘭經》對反抗神而墮落的天使的故事相當熟悉，它稱之為伊卜利斯（Iblis，為希臘文「魔鬼」〔*diabolos*〕一字的縮短形）。可是煽動出對三位女神仁慈讚美的引誘者，是另一種威脅性遠不及撒旦的生物。引誘者只是精靈的一種，會引發空洞、膚淺、放縱的慾望，使人類偏離正道。引誘者就像所有的精靈一樣，他們無所不在，危險又愛惡作劇，但程度比不上惡魔。穆罕默德一直渴望和古萊須族人建立和平的關係；他知道他們對女神極為虔敬，也可能想過若是他能找到將鶴鳥融入他的宗教的方式，或許他們對其訊息的態度會更友善。他朗誦出這異常的詩節時，是他的渴望在說話——而不是阿拉，而對三位女神的贊同證實是個錯誤。就像任何其他的阿拉伯人，他自然將他的錯誤歸咎於引誘者。

穆罕默德並未暗示三位「神的女兒」和阿拉層級相同，祂們僅是中介者，就像同一篇章中也認可了天使的調解。[35] 一直以來，猶太教徒和基督教徒都認為這些中介者可以和他們的一神教共存。這段新詩節似乎是一個吉兆，古萊須族受到相當大的鼓舞。穆罕默德一結束朗誦，便跪伏進行禮拜；令他驚訝的是，古萊須族的長者們也在他身旁跪下，謙卑地將前額貼地。這個消息如野火燎原般傳遍麥加城：「穆罕默德讚頌我們的神！他在唸誦經文時聲稱祂們是崇高之鶴，而且祂們的說情受到認可！」[36] 危機就此終結。長者們告訴穆罕默德：「我們知道阿拉能夠終止和給予生命，更能造物和庇佑，不過這些女神替我們向祂祈禱。而既然你已允許祂們和祂共享神聖榮耀，我們想要加入你的行列。」[37]

但是，穆罕默德憂慮不安。這一切太過容易了。古萊須族人真的會改過遷善、體恤貧苦，又樂意成為神的謙卑「奴僕」嗎？現實上似乎不太可能。他也為長者們歡騰的話語心煩意亂：他絕對沒有意圖暗指那些女神和阿拉「共享神聖榮耀」。其他人都忙於慶祝時，穆罕默德返回家中，隔離外界的一切，沉思冥想。當晚，啟示的聖靈吉卜利勒來拜訪他：「穆罕默德，看看你做了什麼事？」他問道，「你對那些人朗誦了並非由我從神那裡帶來的東西，說了祂沒有對你說的話！」[38]穆罕默德對和解的渴望已經扭曲了神聖的訊息。他立刻懊悔不已，但神以一則新的啟示安撫他。所有過去的先知都曾犯下類似的「魔鬼」錯誤。要讓眾人瞭解啟示總是需要一番奮鬥，也很容易把個人片面的解讀與啟示深刻的意涵混為一談。不過，啟示仍繼續著：「真主會破除魔鬼所滲入的謊言，然後真主會澄清祂的啟示。」[39]一個重要的原則已經確立，神會在賜予某位先知特定經文之後予以變更。啟示是循序漸進的：我們可以說，穆罕默德有時會在他的訊息中看見新的意涵，以此補充他先前的理解。

現在，穆罕默德必須帶著修正「魔鬼」詩節的新啟示，再次來到古萊須族人面前。神再度問道：「那麼，你可曾思考過為何要膜拜拉特、烏札以及瑪納特？」但這次祂的答覆相當嚴苛。為何他們將女兒歸給阿拉，自己卻更喜愛兒子呢？這些所謂的女神不過徒有「虛名」，是古萊須族人及其先祖所杜撰出來的人類投射。那些崇拜祂們的人，所追隨的「只是臆測和一己的私願」。[40]這彷彿是一記耳光，不只消滅了鶴鳥，更汙辱了受人尊崇的祖先。為何《古蘭經》無法忍受容納這三位女神，與眾天使並列？為何堅定拒否這似乎無害的信仰，澆熄和平的希望？

萬物非主，唯有真主

伊斯蘭建立四年後，穆斯林已經要與傳統宗教分道揚鑣了。對大部分的古萊須族人而言，阿拉仍是個遙遠崇高的神祇，與他們的日常生活毫不相干。可是穆罕默德的皈依者不作如是觀，《古蘭經》的美麗讓阿拉成為一個無所不在、帶來真實感動的存在。當他們聆聽聖典，「畏懼主的人肌膚戰慄，然後，他們的肌膚和心將因贊念真主而柔和。」[41]神的話語給人的感受，如同可以天崩地裂的強大實在：「假若我將《古蘭經》降示一座山，」神告訴穆罕默德，「你必定看見那座山因畏懼真主而謙卑，而崩碎。」[42]阿拉此時已全然迥異於古萊須族崇拜的神祇，而「魔鬼詩篇」謬誤地暗示伊斯蘭與舊有宗教並無二致。幻想那三尊鶴鳥石像能夠左右伊斯蘭的神，是荒唐可笑的。

自此，《古蘭經》開始做出嚴明的區隔。其他神祇就好比極其軟弱的部族首領，無助又無能。祂們無法如阿拉一般提供崇拜者食糧，亦無法替信徒在審判日說項。[43]阿拉是無可匹敵的。

「魔鬼詩篇」遭否認後不久，便降下《古蘭經》的〈忠誠章〉（Surah of Sincerity）：

你說：祂是真主，是獨一的主
永恆的主
祂未生育，也未被生育
沒有一物是祂的匹配。[44]

「認主獨一」（*tawhid*）原則成為穆斯林精神性的核心，它不只是抽象、形上學式地承認神的獨一性，而是如同所有的《古蘭經》教誨，更是一種行動的召喚。因為阿拉是無可比擬的，穆斯林不只必須拒絕崇拜偶像，更必須確保其他現實因素不會轉移他們對神專一的信奉：無論是財富、國家、家族、物質成就，甚至連愛或愛國主義等崇高的理念，都必須排在第一位。認主獨一的觀念要求穆斯林過著以信仰為中心的新生活。讓神成為唯一優先的奮鬥過程中，穆斯林將會在調適得當的自我中，窺見世界的統合，即真主的獨一。可能就是在這個時期開始，新的皈依者首先會被要求誦念「作證詞」（*shahadah*），即現今所有穆斯林朗誦的信仰宣告：「我作證，萬物非主，唯有真主；穆罕默德，是主使者。」

古萊須族人並未因一神論本身而感到震驚，畢竟對他們而言，這不是新鮮事。許久以來，猶太教徒、基督教徒的宗教和他們的傳統都和平共存，哈尼夫試圖創立一個真正的阿拉伯一神教，也沒有特別引發他們的不安。可是，穆罕默德在做不一樣的事。大部分的哈尼夫都依然對聖域抱持深深的敬意，也並未試圖改變社會秩序。然而，穆罕默德攻擊環繞聖域的神像，等同於暗示維繫麥加經濟命脈的聖域一文不值。貝都因部族進行朝聖時，並非為了拜訪阿拉的住所，而是要向他們的部族神祇致敬。現在，《古蘭經》極為嚴厲地譴責了膜拜這些神祇的儀式。[45]古萊須族人繞行卡巴聖壇時，經常呼喚「崇高之鶴」。現在，這被斥為無知、墮落的行為。供應麥加食糧的塔伊夫是拉特女神聖壇的所在地，許多古萊須族人也會到這處豐饒的綠洲避暑。倘若他們容許對塔伊夫女神的侮辱，怎能和他們保持友好關係呢？

一夜之間，穆罕默德幾乎眾叛親離。古萊須族領袖派遣代表去拜訪阿布—塔里布，要求他和姪子斷絕關係。若沒有正式的保護者，無人能在阿拉伯半島生存。一個被逐出氏族的人可能會被殺害，而且兇手能夠免於懲處，不必擔心部族間的仇殺。阿布—塔里布真心喜愛穆罕默德，但本身並非穆斯林，因此身陷棘手的處境。他試圖拖延，卻換來古萊須族的最後通牒。「以神起誓，我們無法忍受先祖被痛斥、習俗被嘲笑、眾神被羞辱！」他們大喊，「在你讓我們擺脫他之前，我們會與你們兩人作戰，至死方休。」阿布─塔里布招來穆罕默德，哀求他停止這惹是生非的宣教。「饒了我和你自己吧，」他乞求，「別讓我肩負我無法承受的重擔。」穆罕默德確信阿布─塔里布將要拋棄他，含淚回答：「我的叔叔啊，我對真主發誓，就算他們把太陽放在我的右手上、月亮放在左手上，威脅我終止行動，除非真主使之勝利，或我殉難其中，否則我絕不放棄。」語畢他便倉皇離去，悲苦地啜泣。他的叔叔喚回他：「去說你想說的話吧，我對神發誓，無論如何絕對不會拋棄你。」[46]穆罕默德暫時安全了。只要阿布─塔里布繼續擔任庇護者，給予有力的保護，沒有人膽敢對他下手。

阿布─塔里布是名傑出的詩人，於是他寫下慷慨激昂的詩歌，指責其他氏族在哈須彌族危急之際離棄他們。作為回應，穆塔立卜（al-Muttalib）氏族宣告支持哈須彌氏族，這則好消息卻緊接著一起致命的背叛。阿布─塔里布同父異母的弟弟──阿布─拉哈布自始便反對穆罕默德和他的啟示，但為了避免與氏族分裂，他把他的兩個兒子，許配給穆罕默德的女兒盧蓋雅和烏姆─庫勒蘇姆，但他此時卻強迫兒子休妻。不過，溫文儒雅的穆斯林青年菁英伍斯曼．伊本─亞夫凡（'Uthman ibn 'Affan）愛慕盧蓋雅已久，她是麥加最美麗的女子之一，現在終於能請求穆罕默德把女兒嫁給他。

古萊須族的長者──特別是那些有家族成員倒戈、皈依伊斯蘭的──開始對穆罕默德發動猛烈的攻擊。他們會在聽到穆斯林讚頌阿拉為「獨一的神」時，故意轉身背對，並在其他神祇被信徒呼喚時，挑釁地展現欣喜。[47]他們命令所有人保持對傳統信仰的虔誠。這是唯一的康莊大道！所有關於啟示的言論都荒唐可笑！穆罕默德一手捏造了一切。為什麼在整個古萊須族中，只有他一人接受到神聖的訊息？[48]穆罕默德瘋了；精靈將他引上邪路；他是巫師，用巫術的詭計誘騙年輕人遠離父親的傳統。[49]當他被要求施展奇蹟來證明他的主張——就像穆薩或爾撒——他坦承自己和眾人無異，只是平凡人。[50]

偽信者

反對陣營的領袖包含了麥加一些最有影響力的氏族首領。其中，為首的是阿布—哈卡姆（Abu l-Hakam），他是一個暴躁、野心勃勃的男人，似乎極度厭惡伊斯蘭；接著有年長、肥胖的伍瑪雅．伊本—哈拉夫（Ummayah ibn Khalaf）；以及才智兼具的阿布—蘇斐揚（Abu Sufyan），他是穆罕默德的私交，再加上他的岳父伍特巴．伊本—拉比亞（'Utbah ibn Rabi'ah）和他的兄弟。不過，阿米爾氏族（Amir）首領蘇亥勒．伊本—阿姆爾（Suhayl ibn ‘Amr）尚未決定他的立場，他是一個虔信的男人，和穆罕默德一樣，每年都會在希拉山上隱修，穆罕默德希望能爭取到他的支持。部分麥加最能幹的青年們也對伊斯蘭懷抱強烈敵意：戰士阿姆爾．伊本—阿斯（‘Amr ibn al-‘As）和哈立德．伊本—瓦立德（Khalid ibn al-Walid），其中最積極的則是伍瑪爾．伊本—哈塔卜（‘Umar ibn al-Khattab），他是阿布—哈卡姆的姪子，他對舊宗教充滿狂熱。當其他首領仍在謹慎地指控穆罕默德時，伍瑪爾已經準備好採取更激進的手段。

此時，穆罕默德已經放棄說服麥加的權威人士皈依，而必須專注在遭歧視、較窮困的人們身上，他們相當渴望他帶來的訊息。這是一個非常重要的轉捩點，並且被沉痛地記錄在《古蘭經》中。當時，穆罕默德正全神貫注地和一些麥加權貴進行討論，而當有位盲者走近、向他提問時，他不耐地「皺眉並轉過身去」。[51]神嚴厲斥責穆罕默德：先知必須以同等的尊重對待**所有**群體成員。他必須超越部族精神中人有貴賤之分的觀念，因為《古蘭經》的對象是不分貧富的。穆罕默德將盲者推開、彷佛盲者微不足道的行為，讓他像個偽信者（*kafir*）。

「偽信者」一字經常被譯為「不信者」（unbeliever），但非常容易導致誤解。[52]穆罕默德並未抨擊阿布—哈卡姆和阿布—蘇斐揚的信仰。事實上，他們許多的神學觀念是正確的；例如，他們從未質疑阿拉是世界的創造者，也是卡巴聖壇之主。[53]問題在於他們沒有將信仰轉化為行動。神對其造物的恩惠的種種跡象，背後的真正意義是要求人類在一切的待人處事上效仿祂，但他們卻對此無動於衷。他們不該鄙視、壓迫弱勢，而應像阿拉一樣，「以仁慈的翅膀覆蓋他們」。[54]

「**kafir**」取自字根「**KFR**」（即「不知感恩」），意謂著粗魯拒絕以極大善意與慷慨所提供的東西。當神向麥加人揭露自己，有些人可說是輕蔑地朝祂臉上啐了口口水。《古蘭經》不因偽信者缺乏宗教信念而厲斥之，而是抨擊他們的傲慢。[55]他們目中無人；他們想像自己比較貧窮、卑微的麥加人更為優越，認為那些人都是二等公民，本該受人輕蔑。他們尚未領悟人對神的絕對仰賴，仍然自認能夠自力更生，拒絕向阿拉或任何人低頭。這些偽信者極度狂妄；他們趾高氣揚，對人說話時大呼小叫、自以為是，每當認為他們的名譽遭受質疑，便勃然大怒。因為深信自己的生活形式最為優異，他們特別容易被任何針對傳統生活方式的批評所激怒。[56]他們對阿拉的勸導嗤之以鼻，任性曲解《古蘭經》的意義，只為展現自己的聰敏。[57]他們甚至無法接納任何新的事物：他們的心「被蒙蔽」、「被鏽蝕」、「被封閉」，更「被緊緊鎖上」。[58]

偽信者的首要之惡便是「蒙昧」（*jahiliyyah*）。傳統上，穆斯林採用這個詞來指稱阿拉伯半島的前伊斯蘭時期，因此經常譯作「蒙昧時期」（the Time of Ignorance）。然而，雖然「JHL」字根帶有「無知」之意，其主要的意義其實是「暴躁易怒」：對名譽和聲望的強烈敏感；傲慢、過分無度，最重要的是，耽溺暴力和復仇。[59]蒙昧之人過於驕傲，無法做到伊斯蘭教導的順服；堂堂慷慨之士為何**必須**節制行為，做出奴隸（*'abd*）般的舉止，禮拜時鼻子貼地，平等對待出身卑微之人？穆斯林之所以稱呼他們的頭號敵人阿布—哈卡姆為阿布—賈赫勒（*Abu Jahl*）*，並非因為他對伊斯蘭的無知——他其實瞭若指掌，而是因為他剛愎自用、冥頑不靈，傲慢地對抗伊斯蘭。不過，正如我們所見，部族精神是如此根深柢固，就算穆斯林改信伊斯蘭已久，仍顯現出蒙昧的特質。蒙昧無法在一夜間連根拔除，而仍是一種潛伏的威脅，隨時可能猛烈復發。

《古蘭經》以嗔怒為戒，督促穆斯林「寬厚」（*hilm*）行事，這是一項傳統的阿拉伯美德。寬厚的男人和女人能包容、耐心又仁慈。[60]即使面對最艱困的情況，他們仍能控制脾氣、保持冷靜，而不會失去控制；他們不快意恩仇；他們在受到傷害時會忍住不還手，留給阿拉主持公道。[61]寬厚也能啟發正面的行動：若實踐寬厚的德行，穆斯林便會

---

* 譯註：阿布—賈赫勒意為「無知之父」。

照顧貧困的弱勢，釋放他們的奴隸，彼此提醒以耐心和同情待人，即使自己飢腸轆轆，仍提供食物給赤貧者。[62]穆斯林待人處事，必須時時保持完美的謙和有禮，因為他們是和善之人：「至仁主的僕人是在大地上謙遜而行的；當愚人以惡言傷害之，他們說：『祝你們平安！』（*salam!*）」[63]

「魔鬼詩篇」事件之後，穆罕默德與偽信者的衝突愈演愈烈。阿布—賈赫勒經常對任何他所遇見的穆斯林施加狠毒的辱罵，並以惡劣的謊言和謠言中傷他們；他威脅破產的商人，直接毆地位較低的穆斯林。偽信者無法傷害擁有強勢保護者的穆斯林，卻能攻擊奴隸和缺乏足夠部族庇護之人。朱瑪氏族（Jumah）的首領伍瑪雅經常虐待他的阿比西尼亞奴隸畢拉勒。他會綁住畢拉勒，逼迫他躺在毒辣的太陽下，胸口頂著巨大的礫石。阿布—巴克爾無法眼睜睜看著畢拉勒受苦，於是將他帶離伍瑪雅，並放他自由；他看見伍瑪爾．伊本—哈塔卜正在鞭打一名穆斯林女奴後，也釋放了她。有些較年輕的穆斯林被家人關在家中，甚至試圖讓他們挨餓屈服。情勢變得極為嚴峻，穆罕默德不得不將穆斯林社群中較易受害的成員送往阿比西尼亞，尋求基督教首長的庇護。雖然可能令人難以置信，沉痛的現實卻日漸清晰：穆斯林似乎無法在麥加找到未來。

穆斯林從小在暴戾風氣中長大，要學會寬以待人、以德報怨絕非易事。甚至連穆罕默德有時都必須刻意壓抑才能保持沉著。在一篇早期的《古蘭經》篇章中提到，他曾因叔叔阿布—拉哈布聯手其妻，在他家門外撒了一地的尖刺而震怒。[64]有次，穆罕默德在繞行卡巴聖壇時，偶然聽見幾位古萊須族首領正在嘲諷他。起初他尚能壓抑怒氣，但繞行完第三圈時，他已面色鐵青。他停下腳步，面向偽信者，並未按照《古蘭經》的囑咐祝福他們平安，而是冷酷地說：「古萊須人哪，好好聽著。我以掌握我性命的主起誓，我將消滅你們！」他以極具威脅性的語氣說出「消滅」二字，令在場的首領鴉雀無聲。可是到了隔天，他們又故態復萌。穆罕默德一抵達聖域，他們使一擁而上，不懷好意地包圍他，並開始毆打他，胡亂拉扯他的長袍。這次，穆罕默德並未挑釁回應，任憑首領們粗暴對待，直到阿布—巴克爾介入調停，哭喊著：「你們要為了一個人說出『阿拉是我的主』而殺害他嗎？」[65]

漢姆札與伍瑪爾

不過，這種行為有時也會帶來不良後果。有天，阿布—賈赫勒走向待在薩法門（Safa Gate）附近的穆罕默德，這是朝聖儀式的重要地點，看見穆罕默德平靜地占用這神聖之地，令他極為氣憤，歇斯底里地發狂暴怒，穆罕默德拒絕還擊，只是坐著聆聽一連串刻薄的汙辱，不發一語。阿布—賈赫勒總算平息他的怒火，離開去和聖域裡的其他首領會合，穆罕默德則暗自神傷地回到家中。不過當晚，他的叔叔漢姆札出外狩獵返家後，聽聞事情的經過，便怒不可遏。他立刻出門去找阿布—賈赫勒，用手肘猛力攻擊他。「如果我信奉他的宗教，你還會羞辱他嗎？」他大吼，「有本事就反擊我！」漢姆札的力氣在麥加赫赫有名，因此阿布—賈赫勒不願正面衝突，匆忙制止他身旁的夥伴，坦承他嚴厲地侮辱了穆罕默德。[66]

事後漢姆札成為虔誠的穆斯林，不過這和穆罕默德會期望他的叔叔皈依伊斯蘭的方式不盡相同。近六一六年年末，又出現了一次改信，其過程也令人讚嘆。伍瑪爾．伊本—哈塔卜認為除掉穆罕默德的時刻已經來到，他邁步走過麥加的街道，手持利劍，前往薩法山腳下的一間屋子，他聽說先知下午會待在那裡。他並不知道自己的妹妹法蒂瑪．賓特—哈塔卜（Fatimah bint al-Khattab）和她的丈夫已經祕密成為穆斯林。他們以為伍瑪爾已經安全遠離家中，於是邀請了少數識字的穆斯林之一，前來朗誦最新降下的《古蘭經》篇章。不過，在伍瑪爾前往薩法山的路上，有一位穆斯林因為擔憂穆罕默德的性命安危而攔住伍瑪爾，並告訴他他自己的妹妹已經改信伊斯蘭的事。伍瑪爾匆匆返家，震驚地聽見《古蘭經》的文句正從樓上的窗戶流洩而出。「這胡言亂語是怎麼回事！」他邊咆哮邊衝進房裡。伍瑪爾將妹妹拽倒在地，那位誦經者驚慌逃亡，倉促間落下手稿。然而，當伍瑪爾看見妹妹正在流血，他深感愧疚，接著撿起地上的手稿，開始閱讀那個篇章。伍瑪爾是烏卡茲詩歌競賽的評審之一，因此立即發現自己手上拿著的是不凡之作。這和傳統的阿拉伯詩賦差異甚鉅。「這詞藻竟如此絕妙脫俗，」他驚呼，《古蘭經》的美麗頃刻安息了他的憤怒，並在他內心深處泛起陣陣漣漪。再次，他一把抓起利劍，奔跑過街巷，來到穆罕默德所在的屋子裡。「伊本—哈塔卜，你怎麼來了？」先知問道。「我來找你歸信於神，歸信祂的倡導者以及他自神那裡帶來的經典，」伍瑪爾回答。穆罕默德高聲表達感謝，以至於屋裡的所有人，原先一看見伍瑪爾的身影便慌張躲藏，此時都紛紛現身，難以相信事情的經過。[67]

關於伍瑪爾改信的故事，伊本—易斯哈格記錄了另一個較不戲劇化的版本，但同樣寓意悠長。某晚，伍瑪爾出發到市集，要和朋友們一起喝酒談天，但他們並未如期赴約，於是他決定造訪聖壇，進行繞行儀式。聖域當時除了穆罕默德以外空無一人，他站在卡巴聖壇旁，正悄聲默讀《古蘭經》。伍瑪爾決定要上前聽聽看，於是偷偷躲進覆蓋聖壇的錦緞布料下，沿著聖壇的邊緣側身移動，直到走到穆罕默德的正前方。如他事後所述：「當時在我們之間，除了卡巴聖壇的蓋布，什麼都沒有。」——他已卸下所有防備，只剩下這層布。接著，《古蘭經》的力量起了作用：「當我聽見《古蘭經》經文，我的心被軟化了，不禁潸然淚下，而伊斯蘭已走入我心。」[68] 伍瑪爾的皈依是對反對陣營的一大打擊，但因為他受到氏族的保護，他們對他無可奈何。

憂傷之年

此時，阿布—賈赫勒開始對哈須彌和穆塔立卜氏族施行抵制：沒有人可以和他們聯姻或交易——甚至不能販賣食物給他們。哈須彌和穆塔立卜氏族的所有成員，不論是否為穆斯林，都搬遷至阿布—塔里布的街坊，構成一個少數族裔居住區。當穆罕默德一家遷入，阿布—拉哈布和他的家人便全數遷出，改住在阿布杜—夏姆斯族的區域。抵制行動的目的並非要切斷兩氏族的食糧，而是要讓他們徹底瞭解脫離部族的後果。如果穆罕默德要退出麥加的宗教生活，那他也不再能從麥加經濟中獲益。[69] 抵制禁令在三年後瓦解。在擁有哈須彌和穆塔立卜氏族親戚的人們之間，禁令尤其無法發揮作用，他們本著良心，無法讓自己的親人挨餓。不隸屬於這兩支被放逐氏族的穆斯林，如阿布—巴克爾和伍瑪爾，總是盡可能隨時提供糧食。有個麥加人會定期在一頭駱駝上裝載補給品，在夜色的掩護下將牠牽引到阿布─塔里布的街坊，再大力拍打馱獸的後腿，讓牠緩緩步入巷內。有次，阿布─賈赫勒上前和哈蒂嘉的一位姪子搭話，發現他正扛著一袋麵粉，準備前往兩氏族的居住區。激烈的爭執立刻爆發。接著，另一位古萊須族人加入爭辯，因為厭惡阿布─賈赫勒竟在阻止這名男子運送糧食給自己的姑姑，用一隻駱駝的下顎猛力重擊他，將他擊倒在地。

禁令期間，《古蘭經》提醒穆斯林，其他的先知──優素夫（基督教慣稱約瑟）、努赫、優努斯（基督教慣稱約拿）、穆薩和爾撒──皆曾告誡他們的族人悔過向善，當族人拒絕，他們的社會便分崩離析，因為他們的言行忤逆了天地宇宙的大義。[70]動物、魚類和植物生來就順服於神，因為牠們本能地遵從這些基礎原則，人類則不然，他們擁有自由意志。[71]當他們欺壓良善、自私自利，就等於違反了神的律則，如同一隻魚試圖要生活在乾燥的土地上，災難將無可避免。然而，《古蘭經》持續勸告穆斯林保持耐心，不要將這個機會用於對抗敵人的個人仇殺。

有些古萊須族人亟欲重獲和平。禁令公告施行後不久，一個代表團前去拜訪穆罕默德，由一位德高望重的耆老帶領。他因為行將就木，也不怕先知的威脅。他提出一項妥協方案：所有城民都敬拜阿拉一年，隔年則能夠禮拜其他神祇。可是穆罕默德無法接受這項提議。取而代之，〈偽信者章〉（Surah al-Kafirun）提出和平共存之道：

> 眾偽信者（*kafirun*）啊
> 我不崇拜你們所崇拜的
> 你們也不崇拜我所崇拜的
> 我不會崇拜你們所崇拜的
> 你們也不會崇拜我所崇拜的
> 你們有你們的報應（*din*），我也有我的報應。[72]

人們敬拜的對象各不相同；「對於宗教，絕無強迫！」（*la ikra fi'l-din!*）[73]且必須如此。「*din*」這個字意為「報應」，同時也是「宗教」、「生活方式」或「道德原則」。每個個人都有自己的「*din*」，無須強迫或強制。

最後，血緣忠誠為抵制畫下句點。四位擁有哈須彌和穆塔立卜氏族親戚的古萊須權威人士，嚴肅要求終止禁令，儘管阿布—賈赫勒憤怒地抗議，其他首領仍同意他們的決議。穆斯林社群必定歡欣鼓舞；他們聽聞這個好消息後，有些人從阿比西尼亞返回家鄉，深信最壞的局面已經過去。可是他們太過樂觀了。六一九年年初，哈蒂嘉逝世。她年紀大了，而且她的健康可能受到糧食短缺的損害，難以康復。哈蒂嘉一直是穆罕默德最親近的友伴，沒有人能夠再提供穆罕默德同樣的親密支持——甚至連阿布—巴克爾或虔誠的伍瑪爾也無法辦到。早期的傳記作家稱六一九年為穆罕默德的「憂傷之年」（year of sadness）。不久之後，第二起死亡甚至帶來更深遠的影響。阿布—塔里布財務破產，身體也因抵制行動而衰弱。當年稍晚，他便因生病辭世。而阿布—拉哈布當上了新的哈須彌氏族首領。

第三章

遷徙

穆罕默德正要做一件絕對史無前例的事。他請求麥加的穆斯林一同遷徙到雅斯里卜。這不僅僅是改變居住地址，而是要求穆斯林準備拋棄他們的族人，並接受外地人的永久保護。在阿拉伯半島，部族是最神聖的價值，脫離部族的行為等同於褻瀆。這遠比《古蘭經》拒否女神的地位更來得令人震撼。

窮途末路

麥加的每個人都立即發現穆罕默德新的弱點。阿布—拉哈布並未和穆罕默德斷絕關係，因為一般會期望首領能夠提供所有族人一定程度的保護，若在他剛上任時就沒有善盡這項責任，會被視為懦弱的表徵。不過很明顯的是，他非常不情願擴大他的保護傘。穆罕默德的鄰居們用令人作嘔的惡作劇騷擾他，趁他在進行禮拜時，用綿羊的子宮打他，有次甚至把子宮丟進他家裡的煮鍋。有天，穆罕默德走在城裡，卻被一名古萊須族的年輕人潑了滿身穢物。當他的女兒法蒂瑪看見他受辱的模樣，眼淚便撲簌簌地滑落。「別哭，我的小寶貝。」法蒂瑪試著替他清理，穆罕默德邊溫柔地安慰她，「真主會保佑妳的父親。」但他卻冷冷地告訴自己：「阿布—塔里布在世時，古萊須族從不曾這樣對我。」[1]

他的弱點可能影響了其他更弱勢的穆斯林的處境。舉例來說，阿布—巴克爾幾乎快因為抵制行動而破產，他又居住在朱瑪氏族的區域，他們的首領是肥胖的伍瑪雅．伊本—哈拉夫，過去經常讓畢拉勒在陽光下曝曬，現在也自認可以隨意地對阿布—巴克爾這麼做，他把阿布—巴克爾和他的年輕表親綁在一起，讓他們在如此恥辱的狀態下待在酷熱的戶外，乾渴又奄奄一息。他們的氏族塔伊姆（Taym）太過弱勢，無法保護他們。阿布─巴克爾深知他在麥加沒有未來，便啟程前往阿比西尼亞，準備加入那裡的穆斯林移民社群。不過，他在路上遇見了伊本─杜袞納（Ibn Dughunnah），他是古萊須族的一位貝都因同盟，聽聞事情的經過後十分震驚。他堅持要返回麥加，並正式把阿布─巴克爾納入他的保護之下。因為古萊須族的權貴人士一直急欲深化和伊本─杜袞納的友誼，便答應了他的提議，但要求他確保阿布─巴克爾不會在公開場所禮拜或朗誦《古蘭經》。他們解釋，因為阿布─巴克爾受人愛戴又具個人魅力，將會引誘青年們脫離官方的宗教。於是，阿布─巴克爾獨自禮拜，在他的家門前圍出小小的禮拜處（*masjid*）。

然而，情勢明顯惡化。穆罕默德試圖在宜人肥沃的塔伊夫綠洲，替自己找尋一位新的保護人，但這其實是一趟無望的旅程，因為穆罕默德否認沙基夫部族的拉特女神，早已深深觸怒了他們。這也顯現出穆罕默德已經走投無路。他拜訪了三位沙基夫部族的領袖，請求他們接受他的宗教，並提供他庇護，但他們全都為穆罕默德的厚顏無恥震怒，命令他們的奴隸在街弄裡追趕他。穆罕默德別無選擇，只好躲進伍特巴．伊本─拉比亞的花園裡，他是麥加的頭號偽信者，在塔伊夫有一棟避暑小屋。伍特巴和他的兄弟謝巴（Shaybah）看見穆罕默德屈辱的逃亡，但並不想將一位同族人交給異族的沙基夫。於是他們沒有舉報他，並指派一位奴隸送了一盤葡萄給他。

穆罕默德狼狽地蜷縮在一棵樹後面，幾近絕望。阿拉伯人習慣在危急時刻依靠神或精靈來「逃脫困境」，於是現在穆罕默德尋求阿拉的庇護。

真主啊，我欲向祢訴說我的弱勢、我的資源稀缺和我在人前的卑微。至慈的主啊，祢是弱勢者的主，祢是我的主。祢要將我託付何人？託付給苛待我的遠方之人？或是祢使其左右我的敵人？若祢並未對我發怒，我便毫不在意，因祢給予我的恩澤更為寬廣。我將向祢贊同的光芒尋求庇護，那光芒將照亮黑暗，將公正安排今世與來世的一切，以免祢的憤怒降臨於我，或祢的懲罰施加於我。這是為了使祢滿意，直到祢全然欣喜。除祢之外，全無力量與威能。2

伊本—易斯哈格甚少如此私密地描述穆罕默德的心理狀態，暗示了一個領悟靈性真實的時刻。透過此次順服之舉，穆罕默德前所未有地完整瞭解，他唯一的保障、真正的保護者只有阿拉。

神似乎回應了他的祈禱，因為他一結束禱告，伍特巴的男奴阿達斯（Addas）便送來葡萄。他是一名基督教徒，而穆罕默德得知他來自尼尼微（Nineveh）後非常高興，因為那是先知優努斯的城市。他告訴阿達斯，優努斯是他的兄弟，因為他也是一名先知。阿達斯深受感動，忍不住親吻了穆罕默德的頭、雙手和雙腳，這一切看在伍特巴眼裡令他厭惡至極。和一位有經書的子民不期而遇後，穆罕默德不再感到那麼孤立無援了。這次遭遇提醒了他，即便阿拉伯人排擠他，在阿拉伯半島之外的浩瀚世界，仍有一大群信徒會瞭解他的任務。他啟程返家時已打起精神，中途停留在小綠洲納赫拉（Nakhlah）做禮拜，在那裡，有一群「看不見的生物」（*jinn*）偶然聽見他的禮拜。「*jinn*」這個字不總是指阿拉伯半島上反覆無常的精靈，也可能代表「陌生人」，指迄今從未見過的人。《古蘭經》暗示，這群在納赫拉暗中潛伏、聆聽穆罕默德禮拜的旅人可能是猶太人。他們因這部阿拉伯聖典的美麗巧妙而震懾，返家後便告訴他們的族人，他們聽到「一部在穆薩之後降示的啟示」，能夠證實《妥拉》（*Torah*），並指引人類走上正道。[3]

穆罕默德的視野正在拓展。他原先確信，他只是以一名警告者的身分被指派到他的部族，而伊斯蘭只是給麥加人的宗教。不過現在，他開始把眼光放遠，看見已經接收更早期啟示的有經書子民。儘管這項新的認知給了他信心，他卻十分絕望。一旦那些偽信者知道他嘗試尋求塔伊夫人的援助，他的處境將會更加危險。於是在進入麥加之前，他稍了口信給三位氏族首領，請求他們的庇護。其中兩位婉拒，但第三位承諾會保護穆罕默德，他是瑙法勒氏族（Nawfal）的首領穆俄提姆（Mu'tim），曾經主張結束抵制穆斯林的行動。現在穆罕默德總算可以回家了。

可是這並非長遠之計。穆罕默德終究還是得說服古萊須族人。六一九年，他開始向朝聖者和商人傳道，他們來到麥加參與以朝聖作結的貿易市集。也許他能像阿布—巴克爾一樣，找到一位貝都因保護人，如果古萊須族人看見他受貝都因同盟敬重，或許會試著與他和解。然而，那些貝都因朝聖者卻充滿敵意且無禮，他們絕對無法接受一個宣揚順服和謙遜的宗教。穆罕默德一定感受到自己已經窮途末路。他仍未走出哈蒂嘉逝世帶來的傷痛；他在麥加孤立無援；他傳道整整七年，卻沒有顯著的進展。然而，在這事業的低潮，他得到了他一生中最重要的個人密契經驗。

夜行登霄

那天他去拜訪一位住在聖域附近的表親，於是他決定當晚在卡巴聖壇旁徹夜禮拜，這是他一直以來的愛好。最後他在聖壇西北方的一處封閉區域小睡一會，那裡是伊什瑪儀勒和夏甲的墳墓所在。接著，他感覺自己似乎被天使吉卜利勒喚醒，並奇蹟般地被送至猶太教徒和基督教徒的聖城——耶路撒冷。這節隱晦的《古蘭經》經文可能是在記錄先知的這次經驗：

> 讚美真主，超絕萬物，祂在一夜之間，使祂的僕人，從「禁寺」（*al-masjid al-haram*）行到「遠寺」（*al-masjid al-aqsa*）*。我在遠寺的四周降福，以便我昭示他我的一部分跡象（*ayat*）。[4]

經文中並未直接指明耶路撒冷，但日後傳統上將「遠寺」和有經書的子民（猶太教徒和基督教徒）的聖城連結在一起。根據歷史學家塔巴里所述，穆罕默德告訴過他的友伴，天使吉卜利勒和彌卡儀勒（Michael，基督徒慣稱米迦勒）曾帶他去見他的「祖先」：阿丹（位於第一重天）和易卜拉欣（位於第七重天），此外也見到了他的「兄弟」：爾撒、易德立斯（Enoch，基督教慣稱以諾）、哈倫（Aaron，基督教慣稱亞倫）、穆薩及優素夫。[5]《古蘭經》同時宣稱，穆罕默德在酸棗樹旁看見的景象說明了人類知識的極限：

他確已見它二次下降
在極境的酸棗樹旁
那裡有聖所的樂園
當酸棗樹蒙上一層東西時
他眼未邪視，也未過分
他確已看見他的主的部分至大跡象。6

《古蘭經》小心翼翼地描述這幅景象。他只看到了神的跡象和象徵——而非神本身，後來密契主義者（mystic）強調這次超然視覺經驗的矛盾，穆罕默德既看見神的本體，又並未真正看見。

之後，穆斯林開始拼湊這些片段的描繪，來創造一個完整的敘事。穆斯林或許是受

＊　譯註：即今天耶路撒冷的阿克薩清真寺。

到猶太密契主義者的故事影響，他們說自己曾通過七重天，登霄到神之寶座，於是穆斯林也想像他們的先知完成了一次相似的靈性飛行。關於「夜行」（*'isra*）的敘述首次出現在八世紀由伊本—易斯哈格撰寫的傳記中。在這加長版的故事中，吉卜利勒將穆罕默德抬到天馬布拉克背上，一同徹夜飛行到耶路撒冷，接著他們在古代猶太會堂的地點下馬，也就是《古蘭經》所謂的遠寺。在那裡，易卜拉欣、穆薩、爾撒以及歷代所有偉大先知迎接著他們，歡迎穆罕默德加入他們的行列，並邀請他向他們講道。結束後，所有先知都一起禮拜。接著，出現了一架梯子，穆罕默德和吉卜利勒先攀爬到七重天的第一重，並開始登霄至神之寶座。每一階段，穆罕默德都和最偉大的幾位先知見面交談。阿丹管轄第一重天，穆罕默德在那裡看見地獄的景象；爾撒和雅赫亞（John the Baptist，基督教慣稱施洗者約翰）在第二重天；優素夫在第三重；易德立斯在第四重；穆薩和哈倫分別在第五和第六；最後穆罕默德在第七重天見到易卜拉欣，這裡是神聖境域的開端。

大部分的作者都虔敬地在最後神的景象中留下一片模糊，因為那景象確實無法形容，超越言說能夠企及的範圍。穆罕默德必須揚棄凡人的認知，跨越酸棗樹，也就是跨越世俗知識的界線。就連加百列都無法在這旅程的最後階段陪伴他。後來的密契主義者堅稱，他必須拋下所有人，甚至是他自己，才能在神之中放下自我。就某種意義而言，夜行和登霄的故事曾經發生過一次，但其實隨時在發生。它代表了完美的順服，全心屈從，同時也是回歸生命的源頭。這個故事成為穆斯林靈性的典範，勾勒出全人類都應該步上的道路，遠離偏見、成見和自我中心的限制。

穆罕默德並未在這場異象中獲得《古蘭經》的章節，那只是先知的一次個人經驗。不過，早期的傳記家將夜行登霄置入在穆罕默德人生中的這個特定時刻，正好巧妙詮釋了這些外在事件的深層意義。穆罕默德為情勢所迫，別無選擇，只好離開麥加和一切他珍視熟悉的事物——至少必須離開一陣子。他必須超脫他原始的期待，超越那個時代的既定想法。傳統的阿拉伯頌詩中，詩人常以一段憶想（*dhikr*）為始，「回憶」他失去的愛人，因為愛人已和她的部族遠行，遙不可及。下個段落，詩人則會開始描述一趟「夜行」，逃出他傷感的幻想，獨自跨上駱駝啟程，橫越草原——這是一趟令人畏懼的長旅，他必須在其中面對自身的有限生命。終於，詩人再度與自己的部族團聚。在頌詩的最末段，他驕傲地誇耀族人的勇敢無畏、武藝超群，以及他們從未停止對抗威脅其生存的異族。[7]在穆罕默德的夜行中，這些古老的部族精神被翻轉了。先知並未與部族重聚，而是遠離部族，前往耶路撒冷。穆罕默德並未以蒙昧時期傲慢的沙文主義，來堅稱他的部族身分，而是讓他的自我屈服。穆罕默德的旅程並未以爭奪和戰事為榮，而是頌讚和諧、超越血緣宗族，並和全人類成為一體。

伊斯蘭的多元主義

漢志地區的阿拉伯人過去總認為被神遺棄，夜行的故事顯現出穆罕默德的渴望，他想要帶領阿拉伯人進入一神教家族的核心。這是一個多元主義的故事。穆罕默德正在拋棄麥加異教的多元主義，因為那些信仰已墮落為自我毀滅的驕矜與愚昧的暴力，不過他開始擁抱一神教的多元主義。他在耶路撒冷發現，所有神派遣給各個種族的先知都是「兄弟」。穆罕默德的先知前輩們並未視之為冒牌者，而是歡迎他加入他們的大家庭。先知之間沒有謾罵，也並未試圖說服對方改信；正好相反，他們聆聽彼此的洞見。他們邀請新的先知對他們講道，而在某個故事版本中，穆罕默德請求穆薩對穆斯林禮拜的次數提出建議。最初，神要求穆斯林一天禮拜五十次，但穆薩不斷要穆罕默德回到神的面前求情，直到禮拜次數減少為五次（雖然穆薩仍認為太過頻繁）。[8]穆斯林靈性的原初傳說居然納入了其他傳統的認可與建言，可見在早期的伊斯蘭中，這樣的多元主義多麼重要。

自此，《古蘭經》開始強調這共享的理念。在一段引人注目的經文中，阿拉清楚表明信仰者必須不加區別地相信每一位神之使者的啟示：

> 你們說：我們確信真主，確信我們所受的啟示，與易卜拉欣、伊什瑪儀勒、易斯哈格、亞俄固卜（Jacob，基督徒慣稱雅各）及其支派所受的啟示，與穆薩、爾撒及眾先知所受賜於他們的主的經典，我們對於他們中的任何人，都不加以歧視，我們只順服祂（*lahu muslimun*）。[9]

除非你崇敬穆薩和爾撒，否則無法成為順服者（*muslim*）。真正的信仰應是順服於神，而不是某個已確立的信仰。的確，只為一個傳統懷抱獨一的忠誠，可能導致「以物配主」（*shirk*），亦即將人類習制視為和神同等的盲目崇拜。這是《古蘭經》中頭幾段強調「*islam*」（順服）和「*muslim*」（順服者）二字的段落之一，這兩個字都源於動詞「*aslama*」，意指將自己全然歸順於他人的意志。[10]經文接續寫道：

> 捨順服於真主（islam unto God）而尋求別的宗教的人，他所尋求的宗教絕不被接受，他在後世將是虧折的。[11]

這個章節經常被用來「證明」《古蘭經》聲稱伊斯蘭教（Islam）是唯一真正的信仰，且只有穆斯林才能得到救贖。可是，當時「伊斯蘭」尚未成為穆罕默德宣揚的宗教的正式名稱，若把這節經文放在多元主義的脈絡中正確地識讀，其意義很明顯是完全相反的。

《古蘭經》描寫一位先知將啟示傳給另一位。從易卜拉欣傳至伊什瑪儀勒、從易斯哈格傳至穆薩等等的訊息是一脈相承的敘述。《古蘭經》純粹是先前幾部經典的「確證」[12]，而《妥拉》、福音書和《古蘭經》只是神持續自我揭露過程中的幾個時刻：「確然，信道（聖典）者、猶太教徒、薩比以教徒（Sabian）*、基督教徒——凡確信真主和末日，並且行善的人——將來必定沒有恐懼，也不憂愁。」[13]其中並沒有強迫所有人都加入穆斯林社群的意圖。每個啟示傳統都有自己的宗教、實踐和洞見。「我已為你們中每一個民族制定（不同的）律法和道路，」神告訴穆罕默德：

> 若真主意欲，祂必使你們變成單一的族群；但祂（所欲不然）把你們分成許多民族，以便考驗你們能否遵守祂所賜予的。故你們當爭先為善！你們全都要歸於真主，祂要把你們所爭論的是非告訴你們。[14]

神並非為特定傳統所專有，而是全人類知識的來源：「真主是天地的光，」阿拉在《古蘭經》最具密契特質的章節中解釋道。神聖之光無法與任何人類的燈火相比擬，但卻能在所有明燈中見之，在每盞燈中被保藏：

> 這道光的寓言（*ayah*）是壁龕，之中有一盞明燈；那盞明燈（在一個玻璃罩裡），那個玻璃罩（閃耀）如一顆燦爛的明星：（明燈）被福佑的橄欖樹點亮——不是東方的，也不是西方的橄欖樹——它的油（明亮得）即使沒有點火也幾乎發光——光上加光。[15]

---

* 原註：薩比以教徒被認為是阿拉伯半島南部（今葉門）的個一神教支派，不過有些評注者認為《古蘭經》此處指的是波斯帝國的瑣羅亞斯德教徒（Zoroastrian）。

那棵橄欖樹意謂著啟示的連續性。啟示從某個根源萌發，開枝散葉成無數不同的宗教經驗，無法被限縮為單一的信仰或地區，既非東方，亦非西方。

雅斯里卜的邀請

穆罕默德在麥加的處境依然危險不安。六二〇年朝聖期間，他再度造訪在米娜谷地紮營的朝聖者，一座座帳篷地拜訪，希望能爭取到支持與庇護。這次，他並未被所有人拒絕，他遇見六位來自雅斯里卜（Yathrib）的阿拉伯人，在阿卡巴（'Aqabah）隘谷宿營。一如往常，穆罕默德與他們同坐，解釋他的任務並朗誦《古蘭經》，但這次他注意到這些朝聖者態度專心且激動。他結束時，他們彼此相視，表示這必定就是他們的猶太教和哈尼夫鄰居期盼的先知。如果穆罕默德真的是阿拉的使者，他或許正是那個可以解決雅斯里卜難解問題的人。

雅斯里卜不是像麥加一樣的城市，而是幾個村莊的聚落，每個村都由一個部族掌控，個個深溝高壘、戒備森嚴。[16]這個定居地位於一處綠洲，是約二十平方英里的肥沃土地，被火山岩塊和無法耕種的石地包圍。有些居民從事貿易，但多數是農夫，以他們的椰棗、棕櫚園和耕地維生。他們不像古萊須族完全仰賴商業，因此保留較多古老的游牧價值觀，其中不幸包括了對異族根深柢固的敵意。結果，綠洲被捲入一連串似乎無從止息、愈演愈烈的戰爭。這個區域原先是由拓荒的猶太定居者開墾，到了六世紀，雅斯里卜約有二十個猶太部族，許多成員都是被猶太教同化的阿拉伯人。[17] 他們保有不同的宗教身分，但除此之外和他們的異教鄰居幾乎難以區分。氏族和部族忠誠第一，而且沒有統一的「猶太社群」。猶太部族各自和阿拉伯群體結盟，經常彼此征戰。椰棗收成使他們富裕，但他們同時也是技術精良的珠寶工匠、武器製造者及工藝師。五個最大的猶太部族幾乎完全壟斷他們所開拓的經濟，它們分別是沙拉巴（Thalabah）、胡德勒（Hudl）、古萊札（Qurayzah）、納迪爾（Nadir）以及蓋努嘎（Qaynuqa'），其中蓋努嘎掌控了雅里斯卜唯一的市集。

六世紀期間，一個名為蓋拉族（Bani Qaylah）的阿拉伯部族從阿拉伯半島南部遷徙到這個綠洲，和猶太人比鄰而居。接著，他們形成兩支不同的氏族——奧斯（Aws）和哈茲拉吉（Khazraj），這兩支氏族最後發展成兩個部族。阿拉伯人逐漸取得自己的領土，建造自己的堡壘，到了七世紀初，他們的勢力已略強於猶太人。不過，儘管資源爭奪無可避免，猶太人和異教徒仍然可以共同生活。猶太人經常聘僱阿拉伯人運送椰棗，而阿拉伯人也相當尊重猶太人的工藝和資產，視他們為「擁有崇高世系和財產的民族，而我們只不過是阿拉伯部族，沒有任何棕櫚樹和葡萄園、僅僅擁有綿羊和駱駝的民族」。[18]然而，到了那群朝聖者和穆罕默德相遇的六二〇年，情勢已經惡化。深根的部族對立浮上檯面，奧斯族和哈茲拉吉族之間已經展開血腥衝突。猶太氏族也加入戰局，納迪爾和古萊札支持奧斯族，蓋努嘎則和哈茲拉吉族聯盟。到了六一七年，雙方陷入僵局：沒有任何一方占上風。所有人都因暴力而疲憊不堪。在某個關鍵時刻，哈茲拉吉族的一位首領阿布杜拉．伊本—烏拜（'Abdullah ibn Ubay）決定退出鬥爭，因此贏得公正中立的名聲。有些人視他為可能的君王或最高首領，能夠制定法律、維持秩序。可是阿拉伯人厭惡君主統治，而且這類型的政治試驗從未在半島上成功。奧斯族自然不願把領導權交付哈茲拉吉族的成員，其他哈茲拉吉族的首領也不願把權力讓給伊本—烏拜。那六個朝聖者立即意識到，穆罕默德作為阿拉的代言人，將會是比伊本—烏拜更有力的仲裁者（*hakam*）。他們對他的宗教訊息沒有任何疑慮，因為雅斯里卜的阿拉伯人已經有段時間逐漸傾向一神教。長久以來，奧斯族和哈茲拉吉族自認比猶太人低等，因為他們沒有自己的經典，於是當那些朝聖者聽聞神總算為阿拉伯人指派一位先知，無不欣喜若狂。他們帶著極高的期待，當場正式宣示順服於神。「我們離開了我們的民族，因為再沒有任何部族像他們一樣被仇恨和憎惡撕裂。也許神會藉由你使他們團結起來。所以讓我們去拜訪他們，邀請他們加入你的宗教吧；而如果神在這個信仰裡使他們團結一心，將沒有人會比你更加強大。」[19]不過，他們坦承自己在綠洲毫無影響力，必須去諮詢他們的首領和智者。如果他要成為有力的仲裁者，就必須取得廣泛的支持。他們承諾會在一年內回報給穆罕默德。這是一個決定性的時刻。情勢已經迫使穆罕默德把眼光放到麥加之外，甚至考慮拋棄其部族的不尋常計畫，去和另一個部族永久定居。

在綠洲中開枝

在等待雅斯里卜的事態發展時，穆罕默德的家庭有了些改變。他需要一名妻子，有人建議他應該娶邵妲（Sawdah）為妻，她是蘇亥勒的堂親和弟媳，蘇亥勒則是古萊須阿米爾氏族的虔誠異教首長。她曾經嫁給一位在六一六年移居至阿比西尼亞的穆斯林，但現已喪夫，這對她來說會是樁好婚事。阿布—巴克爾也急於和穆罕默德建立更親近的關係，於是提議他可以和自己當時六歲的女兒阿伊夏（‘A’isha）結婚。阿伊夏在一場典禮上正式與穆罕默德訂婚，但小女孩本人並未在場。幾年後，她回想首次隱約得知自己的新身分，是當她的母親向她解釋她不能再到街上玩耍，而必須要把朋友邀請到家中。

穆罕默德的女眷激發了西方許多淫亂、心術不正的臆測，但在阿拉伯半島，一夫多妻制比一夫一妻制（即穆罕默德和哈蒂嘉的幸福婚姻）更為常見，同時擁有兩名妻子是司空見慣的事。這些婚姻並非戀愛或性關係的結合，大多都有實際的目的。邵妲似乎是一名較樸實的女性，已經過了青春期，但她能夠照料穆罕默德的家務需求。穆罕默德可能也希望拉攏蘇亥勒，因為他仍對啟示抱持懷疑的態度。穆罕默德和阿伊夏的婚約也並無不當之處。當時，旨在結盟的婚約通常都是由成人和不在場的未成年人締結，有時女方的年紀甚至比阿伊夏還輕。這樣的婚姻在歐洲一直到現代早期都仍然可見。在阿伊夏進入青春期以前不可能完婚，而到了那個年紀，她會像其他女孩一樣被嫁出去。穆罕默德的婚姻通常都有政治目的。他正開創一種型態全然不同的氏族，主要是基於意識形態連結而非親屬關係，但血緣仍具神聖價值，並可以幫助鞏固這個試驗性的社群。

在六二一年的朝聖期間，那六位來自雅斯里卜的皈信者按時回到麥加，並帶來另外七個人。他們又再次在阿卡巴和穆罕默德見面，承諾將只敬拜阿拉，戒除偷竊、說謊及殺嬰，並發誓服從穆罕默德涉及社會正義的指令，這次立誓的內容後來被稱為「阿卡巴誓約」（Pledge of ʻAqabah）。作為回報，穆罕默德承諾他們將進入天堂。在這初步的協約中，只強調宗教和道德倫理，尚未有政治承諾。朝聖者們返回雅斯里卜時，他們帶了穆斯阿卜．伊本—伍麥爾（Mus'ab ibn 'Umayr）一起回去，他是一位可靠的穆斯林，將會教導雅斯里卜人新的信仰。

這實是明智之舉。綠洲的部族仇恨極為激烈，不論是奧斯族或哈茲拉吉族，都無法忍受敵人帶領禮拜或朗誦《古蘭經》，因此確保這些工作是由中立的局外人來執行相當重要。起初，奧斯族仍抗拒這個信仰，但《古蘭經》的力量逐漸瓦解了他們的隔閡。有天，某支奧斯氏族的首領薩阿德．伊本—穆阿志（Sa'd ibn Mu'adh）聽聞穆斯阿卜在他的領地傳道，萬分驚懼，於是派遣他的副手驅趕他，副手逼近他們的小團體，揮舞長矛，並質問這位穆斯林怎麼膽敢對弱勢、愚蠢的人們散播這些謊言。不過穆斯阿卜並未回敬狂暴的憤怒，反而平靜地邀請他坐下來自行判斷。這名副手同意後，把長矛插在地上，而當他聆聽朗誦時，神情改變了。「多麼神奇美麗的講道啊！」他喊著，「要怎麼做才能皈依這個宗教？」當他表明對阿拉的信仰並跪伏禮拜後，便回去向首領稟告。薩阿德勃然大怒，抓起自己的長矛，快步走向穆斯阿卜，想要親自對付他，結果反而輪到他被《古蘭經》勸服。於是他召喚他的族人，要求他們跟隨他；因為完全信任他的領導，整個氏族一齊歸信。[21] 薩阿德立場劇烈轉變的消息讓其他首領印象深刻，他們開始更認真看待穆斯阿卜。

不久後，幾乎綠洲的每個家庭都出現穆斯林。穆罕默德在麥加的傳道任務之所以停滯不前，大多是因為古萊須族人不相信這位平凡人能夠成為阿拉的使者，但在雅斯里卜的情況不同。[22]在那裡，穆罕默德不是他們的街坊鄰居，人們不會看到他在市集閒逛，或和其他人一樣飲食，因此他成為一個遙遠神祕的人物，眾人急切渴望他的到來。在麥加，穆罕默德的教誨可能破壞聖域的宗教，而多神信仰又對經濟至關重要，但雅斯里卜沒有放滿偶像的聖地。然而，並非所有人都陶醉於新的信仰。伊本—烏拜自然害怕自己的地位會受到損害；其他人則是仍投入古老的異教或哈尼夫信仰，但此時反對陣營相當溫和。如果新的先知真能解決雅斯里卜的問題，必定能從他身上得到一些物質的益處。猶太部族也對穆罕默德無話可說，尤其因為穆斯林崇敬他們的先知，並採納了他們的部分習俗。

穆罕默德剛剛引入了一些新的信仰實踐。可能是夜行的影響，穆斯林開始在禮拜時面對耶路撒冷的方向（*qiblah*），把觸角伸向有經書的子民的聖城。穆罕默德同時也指示穆斯阿卜，在猶太教徒準備進入安息日（Sabbath）的星期五下午，舉行特別的禮拜聚會，並和猶太教徒一起在贖罪日（Yom Kippur）齋戒。穆斯林開始和猶太教徒一樣在中午禮拜，並奉行經修改的猶太飲食規範，類似於早期的基督教徒所採用的準則。[23]過去有些學者認為穆罕默德引介這些新的習俗是為了吸引雅斯里卜的猶太教徒，但這個看法在近期已受到挑戰。穆罕默德並不會期待猶太教徒皈依他的宗教，因為他們已經擁有自己的啟示宗教。神已為每個社群安排了專屬的使者。[24]但對穆斯林而言，和其他易卜拉欣家族的成員以同樣的方式禮拜和齋戒是很自然的事。六二二年，一大群朝聖者離開雅斯里卜前往朝聖。其中有些是異教徒，但有七十三名男性和兩名女性是穆斯林。穆罕默德再度前往阿卡巴迎接他們，但這次是在午夜時會面。在這種情形下，空氣瀰漫著一股威脅感，可以感受到關係正無可挽回地破裂。《古蘭經》提及古萊須族人的「詭計」：或許穆罕默德有正當理由相信偽信者們正密謀驅逐他，並禁止穆斯林進入聖域。[25]無論如何，此時穆罕默德已經做出實際作為，準備離開他的部族。伊本—易斯哈格聲稱這對先知而言是正面的決定，但《古蘭經》一再主張穆斯林是被「逐出」或「趕出」麥加。[26]那場會面是在嚴格的保密下安排妥當。來自雅斯里卜的穆斯林甚至沒有向同行的異教徒提及此事，以防他們散布謠言，而讓古萊須族警覺到正在進行的計畫。

背離家園

穆罕默德正要做一件絕對史無前例的事。[27]他請求麥加的穆斯林一同遷徙（*hijrah*）到雅斯里卜。這不僅僅是改變居住地址，而是要求穆斯林準備拋棄他們的族人，並接受外地人的永久保護。在阿拉伯半島，部族是最神聖的價值，脫離部族的行為等同於褻瀆；這遠比《古蘭經》拒否女神的地位更來得令人震撼。當地雖然一直有結盟的機制，個人或一個群體可能成為另一個部族的榮譽成員，但這通常只是暫時的關係，也絕對不須疏遠自己的族人。單單「*hijrah*」一字就暗示了沉痛的分離。字根「HJR」被翻譯為「他切斷和對方友善或鍾愛的交流或往來……他停止……與他們聯繫」。[28]從今以後，遷徙至雅斯里卜的穆斯林被稱為「遷士」（*Muhajiirah*）：這次悲痛的斷絕成為他們新身分的核心。

雅斯里卜的穆斯林同樣開始一項危險的試驗。即使外地人被部族接受，也永遠只是個「外來者」（*zalim*），這個字帶有「惡劣、卑賤、邪惡」的意涵。[29]詩人將外來者形容為無用、多餘的拖油瓶，而族人總是透過狂熱的宗族情感和對異族人的冷嘲熱諷，來強化部族忠誠。若有人把受鄙的外來者帶到族人面前，將會招來劇烈的訕笑和憎惡。不過此時，奧斯族和哈茲拉吉族正要宣示擁戴古萊須族的穆罕默德，而即便這一大群外來者必然將限縮綠洲的有限資源，他們仍承諾提供庇護和輔助（*nasr*）。自此，雅斯里卜的穆斯林被稱為「輔士」（*Ansar*）。這個字通常被譯為「幫助者」（the Helpers），但會使人對這個字產生較貧乏的印象。「*nasr*」（輔助）代表你已經準備好全力支持協助。那晚，輔士們在阿卡巴會見穆罕默德時，已經決定和他立下第二個協約，日後被稱為「戰爭誓約」（Pledge of War）。

當約定的時刻來臨，輔士們離開在帳篷中沉睡的異教同伴，「如沙雞般輕柔地」偷偷前往阿卡巴，他們在那裡見到穆罕默德和擔任他發言人的叔叔阿巴斯。阿巴斯尚未歸信伊斯蘭，且必定非常震驚於穆罕默德離開麥加的決定，但他想要確保他在雅斯里卜的安全。他說，穆罕默德受到麥加的哈須彌氏族保護，但他現在為了加入輔士的行列，將要棄絕這項保障。如果他們對穆罕默德的安危有任何疑慮，便應該立即放棄整個計畫。但輔士們態度堅定。一位哈茲拉吉族的首領巴拉俄・伊本─瑪爾伍爾（Bara' Ibn Mar'ur）握住穆罕默德的手，並發誓奧斯族和哈茲拉吉族都會向穆罕默德提供庇護，如同他們保護族內的女人和小孩。不過，另一位輔士打斷了他的發言。要是穆罕默德返回麥加，並讓雅斯里卜受迫於古萊須族的仇怒，那該怎麼辦？穆罕默德微笑答覆：「我加入你們，便不分你我。我會對抗與你們為敵者，並和睦對待與你們為友者。」[30]於是，輔士們莊重地宣讀誓約：「我們宣誓，為了徹底服從先知，我們將不惜發動戰爭，不論榮辱，不論甘苦，不論情勢如何惡劣；我們宣誓不再無禮待人；我們宣誓將永遠誠實；我們宣誓為了服務真主，受盡譴責亦無所畏懼。」[31]

這份協約是以部族的語彙來表達，強調相互保衛。[32]其中尚未出現一個單一、團結的共同體（*ummah*）的概念。奧斯族、哈茲拉吉族和古萊須族仍將各自獨立運作。穆罕默德並不會以一國之首的身分前往雅斯里卜，他純粹只是奧斯族和哈茲拉吉族之間的仲裁者，以及麥加遷士的首領。輔士則由來自不同氏族的十二位「監督者」（overseer）統治。即使伊斯蘭在雅斯里卜已大有進展——僅僅一年內，那裡的穆斯林社群已經和麥加受迫的穆斯林社群規模相等——但就算在遷徙之後，穆斯林仍然是綠洲人口的少數，相較於遠遠觀望的異教徒、哈尼夫和猶太教徒，他們的社群顯得相當渺小。戰爭誓約標誌了一次伊斯蘭的重要擴張：這個新的宗教已經傳布到其他部族，但尚未超越部族的道德觀。遷徙至雅斯里卜是大膽的冒險之舉，也是無可挽回、令人恐懼的一步。沒有人知道事情會如何發展，因為在阿拉伯半島上從未發生過類似的事。

朝聖之後，輔士回到雅斯里卜，等待穆斯林流亡者的到來。《古蘭經》開始採用猶太人稱呼雅斯里卜定居地的阿拉姆語（Aramaic）名稱：「*medinta*」，意即城市。雅斯里卜即將成為麥地那（*al-Madinat*）——先知之城。穆罕默德開始在麥加說服穆斯林遷徙，但他沒有命令他們這麼做。任何感到移居超出自己能力範圍的人都可以自由地留下。不過六二二年七月至八月期間，已經約有七十名穆斯林攜家帶眷，啟程前往麥地那，起初他們被安置在輔士們的家中，直到他們可以開始建造自己的住家。雖然有些女人和小孩被強迫留下，還有一名男子成功被綁在他的駱駝上強制送回，但古萊須族似乎沒有齊心協力拘留穆斯林。至於穆斯林，他們遷移時相當謹慎，避免引起旁人注意，並且通常約定好在城界外會合，以不起眼的小團體旅行。伍瑪爾和家人一起離開；伍斯曼和盧蓋雅與宰德、漢姆札同行，但穆罕默德和阿布—巴克爾留守到幾乎所有人都已經離去。然而不久後，這重大的背叛就將在城裡留下許多令人不安的缺口，揭露穆罕默德對他的部族造成的公然傷害。麥加城中心那幾棟大房子，在行經的人們眼中已然荒廢，流露著不祥之兆，「風吹得門扉開開合合，屋內空無一人」。[34]

八月，就在穆罕默德即將離家之際，他的麥加保護者穆伐提姆逝世。現在，穆罕默德在麥加失去立足之地，因為他已成為暗殺的目標。當時眾人特別集會，討論該如何對付他，而阿布—拉哈布刻意在這場會議上缺席。有些長者只希望將穆罕默德逐出麥加，但被另一群人反駁，他們認為放任他加入雅斯里卜壯大中的叛徒黨羽相當危險。接著，阿布—賈赫勒想出了一個計畫：每個氏族都選出一位強壯、被妥善保護的青年。他們將共同代表整個部族，攜手殺害穆罕默德。如此一來就不會發生仇殺，因為哈須彌氏族無法對抗整個古萊須部族。

於是當晚，一群被精心挑選出來的青年聚集在穆罕默德家門外，但因為從窗戶聽見邵妲和先知女兒們的聲音而心神不寧。在一個男人的女眷面前殺害他是非常可恥的行為，因此他們決定等到翌日早晨他出門的時候。其中一人往屋裡偷看，發現有人躺在床上，裹著穆罕默德的斗篷。其實在他們不知情的狀況下，穆罕默德已經從後窗逃亡，留下阿里穿著他的衣服，假裝沉沉入睡。隔天早上阿里在外頭閒晃，那群青年才發覺自己被耍了，於是古萊須族宣告，任何人若是捉拿穆罕默德回城，不論死活，都可以獲得一百隻母駝的獎賞。

於此同時，穆罕默德和阿布—巴克爾正躲藏在離麥加不遠的一處山洞裡。兩人在那裡待了三天，他們的支持者偶爾會偷溜出來通報消息，並提供他們糧食。據說，有隻搜索隊伍曾一度經過洞穴前，但沒有特地查看洞內，因為洞口被一張巨大的蜘蛛網覆蓋，還有隻岩鴿就在人攀爬入洞穴時必須踩踏的那個施力點築巢，而且明顯已經孵蛋許久。

自始至終，穆罕默德都安之若素，並強烈感受到神的同在。《古蘭經》回憶起他安撫阿布—巴克爾的話：「『不要憂愁，真主確是和我們在一起的。』真主就把寧靜降下（贈與）給他。」[35]日後，《古蘭經》愈來愈頻繁地堅決要求穆斯林，當他們正在經歷令人恐慌不安的情況，應該保持冷靜沉著，絕對不該被遮蔽理智的憤怒與復仇心控制。

當追殺的風浪漸漸平靜下來，穆罕默德和阿布—巴克爾爬出洞穴，小心翼翼不打擾到岩鴿，並騎上兩隻阿布—巴克爾為旅途準備的駱駝。阿布—巴克爾想要將比較好的那隻駱駝送給穆罕默德，但他堅持向他購買。這是他個人的遷徙，也是他對阿拉的奉獻，在整個過程中都親力親為非常重要。穆罕默德替這隻母駝命名為嘎斯娃（Qaswa'），牠也成為他餘生中最喜愛的坐騎。這是一趟危險的旅程，因為當穆罕默德上路時，已經沒有任何人的保護，因此他們的嚮導選擇了迂迴的路線。他們來回曲折行進，避免被任何追捕者發現他們的氣味。

第一座清真寺

於此際，穆斯林正焦急地等待他們抵達麥地那。有幾位麥加的遷士居住在綠洲最南端的村莊固巴（Quba’），每天早晨禮拜結束後，他們就會爬上火山岩，仔細觀察聚落外的不毛之地。六二二年九月四日的早晨，一名猶太人發現地平線上有團揚起的沙塵，便向輔士們喊道：「蓋拉族的子孫們！他來了！他來了！」頃刻間，男人、女人和小孩都湧出要見見這兩位旅人，發現他們正在一棵棕櫚樹下休息。

穆罕默德和阿布—巴克爾在固巴待了三天，但「城市」（人們如此稱呼綠洲人口最稠密之處）裡的穆斯林迫不及待要見他，於是他動身前去會見他們，並尋覓他未來的住所。路途上，有幾個人哀求穆罕默德與他們同住，但他都親切地婉拒了，因為他渴望在麥地那交戰的群體間維持獨立的立場。作為替代方法，穆罕默德讓嘎斯娃任意而行，並請求神帶領牠。最後，牠跪坐在一處輔士擁有的曬乾椰棗的地方（*mirbad*）前面。穆罕默德從駱駝上下來，讓人把他的行囊送到最近的住家內，接著開始和地主商討購地事宜。價格談妥後，所有穆斯林都集結一同建造先知的住所，這裡未來也會是供人禮拜的地方。這對遷士來說並非易事，因為古萊須族人不習慣體力勞動，這項工作特別令高雅的伍斯曼感到疲憊不堪。

第一座穆斯林建築物雖然不宏偉莊嚴，仍然成為未來所有清真寺的典範。它起初是個禮拜處（*masjid*）*，是一個夠寬廣可以容納整個社群一起禮拜的空間，亦顯現出早期伊斯蘭理想的樸實。禮拜處的屋頂是由樹幹支撐的，沒有精心設計的講道台，信徒集會時，穆罕默德站在一張簡便的凳子上演講。他和妻子們則住在清真寺前大庭院邊緣的幾棟小屋中。這裡是一個公共和政治集會的場所，麥地那的窮人也被邀集到此處領取救濟品和糧食，並接受照料。

這棟在麥加的簡樸建築物呈現出「認主獨一」的理念。[36]穆罕默德想要藉此表明兩性、宗教和家庭的事務可以合為一體——甚至是必須融合。同樣地，政治、福利和社會生活的秩序都可以進入神聖領域。穆罕默德將他的妻子們安置在離清真寺很近的距離，默默表明了公共與私人生活之間不該存在界線，兩性間也不該有差別待遇。伊斯蘭的神聖是包容的，而非排他。如果猶太教徒和基督教徒想要，他們也可以在清真寺禮拜，因為他們都是神的家族的一部分。

這棟建築物在六二三年的四月完工，大約是遷徙後的七個月。在北邊的牆面上，有塊石頭標誌出禮拜方向，指示人們朝向耶路撒冷。起初並沒有正式的叫喚禮拜通知，但

---

* 譯註：「*masjid*」一字本意為「跪拜的地方」，也就是穆斯林禮拜的場所，現在這個字則被用來指涉清真寺。

顯然有此必要，因為每個人都在不同時間前去禮拜。穆罕默德曾想過像猶太教徒一樣使用公羊角，或像當地的基督教徒使用木頭拍板，但有位遷士做了一個重要的夢。夢中，有個身著綠斗篷的男子告訴他，應該找個聲如洪鐘的人來宣告禮拜，叫喊「真主至大」（*Allahu Akhbar*），提醒穆斯林信仰的首要信念。穆罕默德很喜歡這個主意，而過去曾是阿比西尼亞奴隸的畢拉勒聲音宏亮，正是不二人選。每天凌晨，他都爬上清真寺附近最高的房子頂樓，坐在屋頂上等待黎明曙光。接著，他會張開雙臂，在開始宣禮前，他會禱告：「真主啊，我讚美祢，我祈求祢幫助古萊須族人接受祢的宗教。」[37] 穆斯林雖然將禮拜方向改為耶路撒冷，卻並未遺忘麥加。當穆罕默德得知許多遷士深受思鄉之苦，便祈禱著：「主啊，請讓我們愛上這座城市，如同祢讓我們愛上麥加，甚至更勝麥加。」[38]

遷徙後生活方式的巨大轉變，意謂著即使穆斯林仍然沿襲部族觀念，也必須創造出全然不同的社群型態。穆罕默德最先著手的舉措之一便是建立「賦予兄弟關係」的制度，替每位麥加人都分派一位輔士「兄弟」，幫助穆斯林跨越親族限制，甘苦與共。遷士和輔士的政治區隔很快就被消弭：當十二位輔士「監督者」中首次有位逝世時，穆罕默德輕鬆地接管了他的職位。[39] 穆斯林正在逐步建立一個「新部族」（neo-tribe），以不同的方式詮釋舊有的宗族關係。那些完成遷徙的穆斯林開始認為自己異於那些留在麥加的穆斯林，即使他們隸屬於同樣的血緣親族。無論所屬部族或氏族為何，穆斯林絕對不能互相鬥爭。遷士和輔士必須和任何傳統部族一樣堅定團結。[40]如同部族，穆斯林社群（*ummah*）是「一個排除所有他人的社群」，並會按照慣常的做法和非穆斯林「結盟」。[41]

作為穆斯林社群的首長，穆罕默德開始能夠用以前在麥加無法採行的方式，來實施他的道德和社會改革。他的目標是創造一個寬厚的社會。那些懷抱信念的人（*mu'min*）不只是嘴巴說說而已，他們的信念更必須以實際行動來展現：他們必須禮拜、分享財富，而針對牽涉社群的事務，則必須「彼此商議」，以維護穆斯林社群的團結。若遭受攻擊，他們可以自我防衛，但不應以過去毫無抑制的蒙昧作風以牙還牙，而是必須隨時準備好寬恕對方的過錯。有仇必報雖是以往部族精神的根基，現今可能成為嚴重的惡行。「因此，誰願恕饒（他的仇敵）而且和解，真主必報酬誰。」《古蘭經》不厭其煩地堅持，「凡能在逆境中忍受且加以赦宥者——他們的那種行為確是應該決心做的事情。」[42]

然而，這項改造無法在一夕之間完成，因為蒙昧時期的古老精神仍潛伏在穆斯林心中。遷徙後不久，有位異教阿拉伯人看見一群奧斯族和哈茲拉吉族的穆斯林聚在一起談天，彷彿雙方的部族從不曾是死敵。他怒不可遏。顯然伊斯蘭讓他們變得軟弱無能！於是他命令一名猶太青年坐在那群穆斯林附近，朗誦提醒他們過往激烈世仇的詩歌。不久後，那根牢柢固的部族沙文主義就熊熊燃起，穆斯林很快便開始相互叫罵。穆罕默德盡速趕到現場，大失所望。「當我在此與你們同在，你們仍受誘於蒙昧精神的召喚嗎？」他哀告，「當真主已帶領你們……榮耀你們，藉此切斷你們和蒙昧精神的連結；當真主載運你們離開驕矜自大、不知感恩（*kufr*）之地，並使你們成為摯友，你們依舊一意孤行？」語畢，輔士們深感可恥，相擁啜泣。[43]

並不是所有麥地那的穆斯林都心悅誠服。有些人純粹為了物質利益歸信伊斯蘭，他們在一旁觀望這項嶄新事業的後續發展。《古蘭經》稱這些人為「動搖者」或「偽君子」（*munafiqun*），因為他們並不真誠，且不斷改變心意。[44]當他們和虔誠的穆斯林在一起時，便喊道：「我們相信（你們所信的）。」但當他們和其他持懷疑態度者同行時，卻向他們保證：「我們的確是支持你們的；我們只是在捉弄他們！」[45]這群人的領袖是伊本—烏拜，他雖然成為穆斯林，卻仍對新信仰心有不甘、抱怨不斷。穆罕默德總是相當禮讓他，允許他在每週週五禮拜時發表演說，但偶爾深埋心底的敵意仍會湧現。「別對他太嚴厲，」一位輔士在一起令人相當不快的事件後哀求穆罕默德，「因為真主派遣你來之前，我們正在製作一頂王冠好加冕他。而我以真主起誓，他認為你奪走了他的王國。」[46]

宣告獨立

有些猶太人也開始對新來者產生敵意。穆罕默德並未期望他們改信伊斯蘭，而他們和他的紛爭根本上都並非起因宗教，而是政治和經濟問題。猶太人在綠洲的地位正在衰退，如果穆罕默德又成功聯合奧斯族和哈茲拉吉族，他們就絕無機會重振旗鼓。因此，三個較大的猶太部族認為較明智的做法是支持伊本—烏拜和綠洲的異教阿拉伯人，因為他們仍然反對穆罕默德。[47]早期的穆斯林歷史學家表示，當時猶太人展開一場學術的論辯，來對抗《古蘭經》的神學，但這種說法可能是複製了八至九世紀的猶太和穆斯林辯論。[48]七世紀在麥地那的猶太人對《妥拉》和《塔木德》（*Talmud*）的知識非常有限，也並未嚴格遵守教義，大部分人更習於視自己的信仰為阿拉伯宗教的變體。[49]阿拉伯先知的概念對他們來說並不奇特，因為他們擁有自己的先知，名為伊本—賽雅德（Ibn Sayyad）。他和穆罕默德一樣，都會披上斗篷，朗誦啟示的經文，宣稱自己是神的使徒。[50]

不過，若當時沒有博學的猶太教拉比辯論，穆斯林很可能正面對著麥地那強烈的民粹宗教沙文主義。伊本—易斯哈格寫道，有些猶太人來到清真寺時，會「譏笑和嘲諷」《古蘭經》。[51]雖然很多猶太人相當友善，穆罕默德可能也從他們身上獲益良多，但有些有經書的子民的觀念實在讓他感到非常不解。對穆罕默德而言，排外的宗教概念相當陌生；他痛恨黨同伐異的爭論[52]，還有很多概念讓他氣惱，如「神所揀選的子民」（chosen people），或深信唯有猶太教徒和基督教徒可以進入天堂。[53]他得知有些基督教徒相信神是三位一體，而爾撒是阿拉之子後，令他困惑不解。[54]但是，他仍然認為這些古怪觀念是只有受誤導的少數人才相信的謬論。[55]《古蘭經》提醒穆斯林，許多有經書的子民都是「正直之人」，他們

> 徹夜誦讀真主的經典，且（為真主而）叩頭。他們確信真主和末日，他們勸善戒惡，爭先行善；這等人是善人。[56]

穆斯林必須謹記在心，每個社群都有自己獨特的啟示宗教，因此他們不該加入這些

無謂的口角；如果有經書的子民攻擊穆斯林的信仰，他們應該寬厚以待，禮貌回應：「對於你的作為，真主是至知的。」[57]

為了避免此類無解的爭議，就像其他哈尼夫，穆罕默德決定回歸「易卜拉欣宗教」，因為易卜拉欣既非「猶太教徒」，亦非「基督教徒」，因為他比《妥拉》或福音書的歷史都要古老。[58]遷徙之後，《古蘭經》開始將「哈尼夫」或「哈尼夫信仰」一字用於穆斯林和伊斯蘭，但賦予了新的詮釋。在穆罕默德眼中，哈尼夫信仰單純代表對神的全然順服；這正是眾先知帶來的原始、純粹的訊息，在受宗派沙文主義汙染前確是如此。舉例來說，易卜拉欣並未屬於任何排他的信仰，他只是一個順服者，也就是「全然交出自我之人」和「純粹信仰之人」（哈尼夫）。[59]易卜拉欣與伊什瑪儀勒攜手重建卡巴聖壇時，他們並未發展出排外的神學思想，而是僅僅想要將他們的生命完全奉獻給阿拉。「我們的養主啊！」他們祈禱，「求祢讓我們順從於祢，並指示我們崇拜的方式。」穆斯林正是因為宗教不寬容才被逐出麥加，所以他們必須避免所有排他的作為。[60]真正的穆斯林不會狂妄地堅稱唯獨他們壟斷真理，只曾說：「看啊！我的禮拜，我（所有）的敬拜，我的生活，我的死亡，的確都是（只）為真主——全世界的養主。」[61]自豪於歸屬某個特定宗教傳統，而不專注信仰阿拉本身，是等同偶像崇拜的行為。

六二四年一月末，當穆罕默德正在帶領週五的禮拜時，他接收到一則啟示，並要求眾人轉向，面朝麥加的方向禮拜，而非耶路撒冷。自此，他們將朝向純粹信仰之人——易卜拉欣建造的房子。

我確已見你（先知）反覆仰視天空（尋求引導），故我必使你轉向你所喜愛的朝向。你應當把你的臉轉向禁寺；無論你們在哪裡，都應當（在禮拜時）把你們的臉轉向這個方向。[62]

這是一記警鐘，提醒他們不應跟隨任何既有宗教，而應只順從神。這也是獨立的宣告，穆斯林不再覺得需要亦步亦趨地追隨舊有信仰的腳步。「你們不要畏懼他們，」神說，「你們當畏懼我（並服從我）。」[63]新的禮拜方向讓遷士與輔士欣喜不已，並且將讓他們更緊密地連結在一起。他們全都熱愛卡巴聖壇，和遙遠的耶路撒冷相比，卡巴聖壇更深根於阿拉伯傳統。但有個未解的問題。卡巴聖壇位於麥加，而近期穆罕默德和古萊須族的關係已變得前所未有地緊繃。

第四章

奮戰

穆斯林知道麥加遲早會發動復仇，於是他們全心投入一場漫長勞累的「jihad」（奮戰）。然而，「jihad」這個我們今天經常聽到的字眼，其原始意義並非「聖戰」，而是「努力」或「奮鬥」，以實踐神的意志。穆斯林被敦促為這項志業努力付出，而奮戰包含了所有層面：知識、社會、經濟、精神及家庭。有時他們必須戰鬥，但這並非他們的首要職責。

征戰的必要

在一段充滿不確定的日子的尾聲，禮拜方向改變了。這段期間，穆罕默德和其他穆斯林一直淒淒惶惶地尋尋覓覓、四處摸索，在迷惘中渴望指引。穆罕默德明瞭，身為一位先知必須讓世界發生改變。他不能僅僅退隱到主流之外，而是必須將神的啟示意志付諸實踐，並創造一個正義平等的社會。然而，遷徙行動讓穆斯林落入外圍、特例的處境。即使穆罕默德已經開始實行社會改革，他深知只要仍受隔絕、孤立於麥地那，就無法對阿拉伯半島造成長久的影響。「眾城之母」麥加對半島的發展至關重要，阿拉伯半島也需要古萊須族的商業天賦。現在，麥加已經成為穆斯林世界的中心。他們在一天數次的禮拜中嚮往著麥加，卻愈來愈像缺席、難以相見的戀人。[1]穆斯林甚至無法像其他阿拉伯人一樣進行朝聖。穆罕默德發覺，麥加是他先知任務的關鍵。古萊須族的敵意將穆斯林社群從部族地圖上連根拔除，剝奪他們在政治上的未來與話語權。沒有麥加，伊斯蘭注定成為邊緣的信仰。穆罕默德必須以某種方式和他的族人和解。可是，經歷遷徙行動帶來的初步震撼後，大部分的古萊須族人似乎把穆斯林忘得一乾二淨。穆罕默德著手和麥加人進行和談前，得先引起古萊須族的注意。

同時，他也必須鞏固他在麥地那的地位。他知道對多數麥地那人而言，他尚未通過考驗。他們之所以公然對抗古萊須族的威勢、接納移民，是因為他們期望獲得物質利益，並且同樣期待穆罕默德來履行這個任務。至少，他必須確保遷士們不會成為當地經濟的負擔。然而，他們要維持生計並非易事。大部分的遷士都是商人或銀行家，但麥地那的貿易機會非常稀少，因為較富裕的阿拉伯和猶太部族已經壟斷交易。遷士又沒有務農的經驗，且無論如何，所有可用的土地也已被他人占有。除非他們找到獨立的收入來源，否則便將成為輔士的重擔。而要達成這個目標有個現成的方法。

麥地那正好位於麥加商隊往返敘利亞的路途上，利於襲擊這些商隊，而穆罕默德抵達麥地那不久後，便派遣幾群遷士出征劫掠。[2]他們的目標並非流血衝突，而是透過奪取駱駝和商品，並俘虜囚徒、索求贖金，藉此確保收入。當時沒有人會對這樣的舉動感到特別震驚，因為掠奪資源是難以溫飽時常見的權宜之計。不過有些阿拉伯人可能會驚訝於穆斯林居然有膽子挑戰強大的古萊須族，尤其穆斯林明顯是經驗不足的戰士。遷徙至麥地那後的兩年內，穆罕默德發動了八次這樣的征戰。他通常不親自上陣，而是委託漢姆札和伍貝達．伊本—哈里斯（'Ubaydah ibn al-Harith）等人，可是要取得商隊旅行路線的正確資訊相當困難，因此這些早期的掠奪全都以失敗告終。

古萊須並非好戰的部族。他們早已脫離游牧生活，也喪失了掠奪資源的習慣和技巧；《古蘭經》曾提及有些遷士相當厭惡戰爭。[3]不過，穆罕默德並未因此沮喪。即使遷士們亟需收入，劫掠不是他的首要目標。襲擊者雖然空手而歸，但至少引起了麥加對穆斯林的注意。古萊須族慌亂不安，他們必須採取預防舉措，這是前所未有的狀況。商人們抱怨著自己深受其害；他們得繞道而行，麥加與各地的貿易也受到微幅干擾。六二三年九月，穆罕默德親自領導一次掠奪行動，攻擊伍瑪雅．伊本—哈拉夫的大型商隊。這次行動看來極有可能成功，創下兩百位穆斯林自願加入征戰的紀錄。可是商隊又再次巧妙躲開襲擊者，並未交戰。

在草原上，劫掠不需要論理的正當辯護；它被視為在資源稀缺時期不可避免的必要行動。然而，穆罕默德已經下定決心，要超脫古老的部族常規。《古蘭經》教導穆斯林對偽信者說「願你平安！」，而非在他們做生意時攻擊他們。在穆罕默德抵達麥地那後不久，他接收到一則較傾向好戰路線的啟示：

> 被攻擊者已獲得（反抗的）許可，因為他們是受壓迫的——真主對於援助他們，確是全能的——那些人被逐出故鄉，只因他們常說：「我們的養主是真主。」

若非真主讓世人自我防衛、相互抵抗，那麼（所有的）基督教修道院、教堂、猶太會堂與清真寺——人們經常在其中讚頌真主之名的建築物——（至今）必定已遭破壞殆盡。[4]

《古蘭經》開始發展出一種原始的正義之戰理論。在草原上，侵略性的征戰值得嘉許；但在《古蘭經》中，戰鬥唯一可能的正當理由是自我防衛，先發制人的攻擊備受譴責。[5]戰爭永遠是可怕的罪惡，但有時為了維護良善價值，如信仰自由，戰爭是必要的。即使在此，《古蘭經》仍未拋棄多元主義：猶太會堂、教堂以及清真寺都同樣需要保護。穆斯林感到自己蒙受可怕的羞辱；把他們驅逐出麥加是一項毫無正當性的行為。將他們流放部族之外違背了阿拉伯半島最深層的道德規範，穆斯林的認同核心受到了嚴重戕害。

然而，穆罕默德如此策略確實是走在鋼索上。他生活在一個長期暴力猖獗的社會，而他不只視這幾次劫掠為帶來必須收入的手段，更希望這些襲擊能解決他和古萊須族間的糾紛。我們從當今人類歷史可以得知，為了和平發動戰爭是一項高風險的事業。戰爭滅絕人性的殘酷可能會引發忽略戰士參戰初衷的舉動，因此最終雙方都放棄了嚴守高標準的道德底線。穆罕默德試圖賦予他發起的掠奪行動合乎倫理的立意，但他對掌控漫長的戰役毫無經驗，而且將會認知到，一旦戰爭開打，暴力衝突的升高就會取得獨立的動能，自轉時可能失去控制、釀成悲劇。

起初，穆罕默德遵照傳統的規矩戰鬥，但到了六二四年的一月，禮拜方向改變前不久，他首次經歷到戰役的不可預測。[6]遷士們逐漸變得愈來愈大膽。在冬季的月份，古萊須族將商隊派遣至南邊，如此便不須經過麥地那。可是，穆罕默德為了引起他們的注意而心急如焚，便指派九名男子組成的劫掠隊伍，去攻擊其中一支南向的商隊。當時正逢拉賈卜月（Rajab）尾聲，這個月份是「聖月」之一，禁止任何戰爭。在拉賈卜月的最後一天，這群穆斯林偶然碰上紮營在納赫拉的小商隊。他們該如何是好？如果他們等到隔天停止休戰，這支商隊早就毫髮無傷地返回麥加。於是，他們決定發動攻擊。第一支箭射殺了一名商人，其他成員大多逃亡，但他們俘虜了兩名囚犯，連同奪下的貨物帶回麥地那。

然而，穆斯林並未將襲擊者當作勝利英雄迎接他們歸來，眾人聽聞這次劫掠行動觸犯了聖月禁忌都嚇傻眼了。長達數日，穆罕默德不知該如何回應。畢竟他已拋下許多麥加宗教習俗，可能也設想自己能夠揚棄聖月的規範。劫掠行動相當成功，不只帶來豐厚的橫財，也向古萊須族顯現穆罕默德有能力在咫尺之間攻擊他們，還讓許多麥地那人對他刮目相看。話雖如此，整起事件卻仍有疑慮。穆罕默德至今從未譴責過聖月的實施；眾多文獻也呈現出對這起事件的不安。穆罕默德發覺，無論你的戰爭起初理想多麼崇高，遲早都可能會發生令人不快之事。

最終，穆罕默德接收到一則新的啟示，重申他正義之戰的核心原則。沒錯，打破神聖的休戰協議是不對的，但古萊須族將穆斯林趕出家園的手段更為可憎。「他們勢必繼續進攻你們，務使你們叛離自己的信仰，」《古蘭經》警告穆罕默德。至於在聖月挑起戰端，確是一項「大罪」：

> 但是妨礙主道，不信真主和（妨礙）禁寺，驅逐聖域的居民出境——（這些行為）在真主看來，其罪更大，因為迫害比殺戮更嚴重。[7]

於是，穆罕默德接受了戰利品，並消除穆斯林社群的猶疑；他將掠奪來的物品平均分配給遷士，同時開始和古萊須族談判交換戰俘：他將以麥加的俘虜，交換兩名想要遷徙但仍住在麥加的穆斯林。不過，其中一位戰俘因他在麥地那所見而深受感動，決定留在當地並皈依伊斯蘭。這起事件是穆罕默德新策略的良好典範。在他獨特的處境中，他無法再依賴合乎習俗的常規。他正一步步摸索向前，見招拆招、隨機應變。他沒有固定不變的總體計畫，他也不像某些較魯莽的同伴，極少立即對危機做出回應，他總是費時深思，直到終於能夠提出帶有啟發性的解方，有時更因耗費心力而面如枯槁、揮汗如雨。

巴德爾水井之役

數週後，於齋戒月期間（六二四年三月），穆罕默德率領一支龐大的穆斯林隊伍，攔截阿布—蘇斐揚帶領的麥加商隊，他們正要從敘利亞返城。[8]這是一年中最重要的商隊之一，而受到納赫拉勝仗的鼓舞，一大群輔士自願參與這次的劫掠行動。約有三百一十四名穆斯林從麥地那出發，騎馬來到近紅海海岸的巴德爾（Badr）水井，他們預計在此處伏擊那支商隊。這次遠征將成為早期伊斯蘭歷史的重大事件之一，但起初它似乎只是一次普通的資源掠奪。幾位最為虔信的穆斯林都留守家中，包括伍斯曼，因他的妻子（即先知之女）盧蓋雅正病危床榻。

最初，商隊看來將一如往常地躲過一劫。阿布—蘇斐揚耳聞了穆罕默德的計畫，便捨棄了往常穿越漢志的路線，猛然轉離海岸，並派遣一名當地的族人到麥加尋求援助。古萊須族人因穆罕默德的傲慢而震怒，認為他玷汙了他們的榮耀，所有領袖都決心營救那支商隊。想當然耳，阿布—賈赫勒自然摩拳擦掌。肥胖的伍瑪雅·伊本—哈拉夫硬塞進他的盔甲，甚至連穆罕默德的家族成員都挺身對抗他，深信這次他做得太過分了。阿布—拉哈布正在養病，但阿布—塔里布的兩個兒子、穆罕默德的叔叔阿巴斯，以及哈蒂嘉的姪子哈基姆（Hakim）都加入千人的隊伍，當晚便啟程離開麥加，前往巴德爾。

其間，阿布—蘇斐揚已經設法躲過穆斯林，率領商隊遠離他們。他傳訊表示貨物安然無恙，軍隊應該調頭歸返。許多文獻都清楚表明，此時許多古萊須族人已不願與自己的族人交戰。可是阿布—賈赫勒拒絕接受這樣的結果。「我以阿拉之名起誓！」他喊道，「直到我們抵達巴德爾前，絕不打道回府。我們在那裡停留三天，宰殺駱駝，盡情享用美酒佳餚；少女們應為我們演出。如此，阿拉伯人才會聽聞我們曾經來到此地，並在未來敬重我們。」[9]不過，這段狂妄的發言顯示出，甚至連阿布—賈赫勒都並未預期一場戰爭。他完全沒有設想戰事的恐怖，似乎反而將之想像為一場附帶舞女的盛宴。古萊須族早已遠離草原，戰鬥已經成為一項展現騎士精神的運動，旨在強化麥加的威望。

穆斯林陣營的情緒卻截然不同。在歷經遷徙的創傷與恐懼之後，遷士已經無法以如此自信、輕鬆的方式來看待當時的情勢。穆罕默德一聽聞麥加軍隊正在逼近，便立刻諮詢其他首領。穆斯林的人數遠不及敵方。他們原先預期這只是一次平常的劫掠行動，而非全面衝突，兩者完全不同。穆罕默德並非軍隊統帥，無法要求服從，但眾人決定鬥爭到底。如同薩阿德·伊本—穆阿志代表輔士們的發言所述：

> 我們許諾你，同意聽從你；因此去你想去的地方吧，我們將會跟隨你，而以真主為誓，若你要我們橫越這片海洋，並縱身一跳，我們亦將同你躍入海中。我們並不厭惡明天就與你的敵人交手。我們身經百戰、萬夫莫敵。[10]

奧斯族和哈茲拉吉族與古萊須族不同，他們曾經歷雅斯里卜數年來戰爭的洗禮，是經驗豐富的士兵。可是即便如此，情勢條件對他們極端不利，所有穆斯林都希望不必開戰。

連續兩天，雙方陣營駐守山谷的兩側，冷冷地注視著對方。古萊須族身著白色短袍和閃耀的盔甲，模樣威風凜凜，而雖然有薩阿德激勵人心的話語，有些穆斯林仍想要撤退。先知為他們加油打氣。他告訴眾人，神曾在夢中允諾他，將派遣一千名天使與他們並肩作戰。[11]不過，當古萊須族大吃大喝，確信穆斯林將會投降時，穆罕默德正在進行實戰的準備。他讓他的軍隊以緊密的隊形排列在水井旁，阻斷古萊須族的水源，而當時機到來，就近逼他們登上山坡，迫使他們在刺眼的陽光下戰鬥。然而，當穆罕默德看著龐大的麥加軍隊，便不住哭泣。「真主啊，」他祈禱，「若跟隨我的這群人喪失性命，在我之後將無人敬拜祢；所有的信仰者都將拋棄真正的信仰。」[12]他領悟到這將是決定性的一場戰役。如果穆斯林被古萊須族驅迫返回麥地那，穆斯林社群遲早將作鳥獸散，遑論為阿拉伯半島但來任何改變。穆罕默德成敗在此一戰的決心必定感染了他的同伴。《古蘭經》描述，在這令人驚懼的時刻，巨大的寧靜遮覆著士兵們。接著，一場暴風雨急劇降下，似乎是個好預兆。[13]

與此同時，古萊須族漸漸提高警戒。首領們指派一名密探回報敵方軍隊的狀況。看見穆斯林的面容個個流露出視死如歸的決心時，密探驚恐不已，並哀求古萊須族放棄作戰。他「看見駱駝載運著死神——雅斯里卜的駱駝滿載必然的毀滅」。在殺害至少一名麥加人之前，沒有任何一位穆斯林會嚥下最後一口氣，而最後密探絕望地說，戰爭過後古萊須族人怎能活得心安理得？他們將必須不斷面對身旁一張張曾殺害自己族人的臉龐。可是阿布—賈赫勒已經失去理智，譴責密探懦弱膽怯——這是任何阿拉伯人都無法淡然置之的嘲弄。接著，他轉向因納赫拉穆斯林襲擊而喪命者的兄弟，那人高呼一段野蠻的口號。頓時，伊本—易斯哈格寫道，「戰火就此點燃，一切毀於一旦，而眾人執意步入罪惡之途。」[14]古萊須族人開始緩緩爬上沙丘。穆罕默德遵行《古蘭經》的指示，拒絕率先發動攻擊，甚至在戰爭開打後，他似乎仍不願放行他的人馬，直到阿布—巴克爾要他停止禱告，把注意力轉移到他的軍隊上，因為神必將賜予他們勝利。在接下來猛烈的打鬥中，古萊須族很快發現自己潰不成軍。他們戰鬥時草率蠻幹，彷彿這只是一場騎士比武大賽，缺乏齊心的策略。另一方面，穆斯林卻擬定了縝密的計畫。一開始，他們用飛箭不斷攻擊敵人，在最後一刻才拔劍，展開近身搏鬥。到了正午，古萊須族人已經四處竄逃，留下約五十名領頭的戰士葬身沙場，包括阿布—賈赫勒本人。而穆斯林陣營只有四人傷亡。穆斯林開始歡欣鼓舞地包圍俘虜、抽出利劍。部族戰役是絕不饒恕戰敗者的，亡者的屍體將被千刀萬剮，而俘虜若不是被殺死，就是遭受虐待。穆罕默德馬上要求他的軍隊停止虐囚。一則啟示降下了，確保戰俘都必須被釋放或贖回。[15]即使是在戰場上，穆斯林也將發誓棄絕過去的野蠻習俗。

大奮戰與小奮戰

《古蘭經》不斷強調仁慈和寬恕的重要性，即便在武裝衝突中亦然。[16] 打仗時，穆斯林必須勇往直前地戰鬥，以利盡快結束衝突。不過，當敵人要求議和，穆斯林就必須放下武器。[17] 他們必須接受任何停戰的提議，不論條件為何，就算懷疑敵方耍兩面手法，也不得拒絕。而雖然對抗迫害與壓迫十分重要，《古蘭經》一再叮囑穆斯林，雙方坐下來有禮地討論如何解決問題遠勝過發動戰爭。[18] 確實，神在《妥拉》中允許報復——以眼還眼，以牙還牙——「但出於仁慈而放棄復仇念頭的人，將更能夠補償他過去部分的罪惡。」[19] 報復的對象嚴格限制為實際行兇之人，這是超越部族血仇的一大進步。在過去，復仇者可以找任何一位行兇者的部族成員下手。《古蘭經》提醒穆斯林，他們並非在對抗整個古萊須族；無論如何都不能攻擊或傷害在整場衝突中保持中立的人，以及選擇留在麥加的穆斯林。[20]

穆罕默德並非和平主義者。他相信戰爭有時無可避免，甚至是必要的。巴德爾之役結束後，穆斯林知道麥加遲早會發動復仇，於是他們全心投入一場漫長勞累的「*jihad*」（奮戰）。然而，「*jihad*」這個我們今天經常聽到的字眼，其原始意義並非「聖戰」，而是「努力」或「奮鬥」，以實踐神的意志。穆斯林被敦促為這項志業努力付出，而奮戰包含了所有層面：知識、社會、經濟、精神及家庭。有時他們必須戰鬥，但這並非他們的首要職責。從巴德爾返家途中，穆罕默德說出了一段影響深遠且經常被引用的格言：「我們正從小奮戰（Lesser Jihad，戰爭）歸來，開始投入大奮戰（Greater Jihad）。」大奮戰是指重要千百倍、也困難千百倍的奮鬥，那就是要改革他們自己的社會與心靈。

巴德爾之役讓穆罕默德在綠洲取得更高的地位。當他們在為古萊須族勢在必行的還擊做準備時，先知和麥地那的阿拉伯和猶太部族起草了一份盟約，這些部族同意與穆斯林和平共居，並承諾不和麥加簽署另外的和約。盟約中更要求所有居民都應捍衛綠洲不受侵害。這份憲章謹慎地保證猶太氏族的宗教自由，但同時也期待他們在「簽署這份文件的人民成為出戰對象」時伸出援手。[21]穆罕默德必須知道誰和他站在同一陣線，而有些不願接受和約的人遷出了綠洲。其中包括幾位哈尼夫，他們對卡巴聖壇的虔敬讓他們保持對古萊須族的效忠。穆罕默德仍是個具爭議性的人物，但在巴德爾的勝利後，有些貝都因部族願意在即將到來的鬥爭中，成為穆斯林的盟友。

體貼的丈夫

此外，穆罕默德的家庭生活也出現改變。從巴德爾歸返的途中，他得知盧蓋雅逝世的消息。伍斯曼傷心欲絕，但樂意續絃前妻的妹妹烏姆—庫勒蘇姆，以保持他和先知的親近關係。其中一位戰俘是穆罕默德異教的女婿阿布—阿斯，他仍對傳統信仰相當虔誠。他的妻子宰娜卜仍住在麥加，她將贖金和一只過去屬於哈蒂嘉的銀手鐲送到麥地那。穆罕默德馬上就認出那只手鐲，頃刻陷入沉痛的哀傷之中。他退還贖金，並釋放阿布—阿斯，希望此舉能夠鼓勵他接受伊斯蘭。阿布—阿斯雖然拒絕歸信，但哀傷地接受了先知的請求，將宰娜卜和他們年幼的獨女烏瑪瑪（Umamah）接到麥地那來居住，因為她們在麥加已無立足之地。同時，穆罕默德最小的女兒法蒂瑪也到了結婚的年紀，他將她許配給阿里。這對新婚夫婦在清真寺附近建造起他們的住家。

穆罕默德也娶了新的妻子：伍瑪爾甫喪夫的女兒哈芙莎（Hafsah）。她是一位美麗又有教養的女子，和先知成婚時年約十八歲。如同她的父親，她能讀能寫，但也有伍瑪爾急躁的個性。阿伊夏開心地歡迎她加入這個家庭。她雖然經常嫉妒穆罕默德的其他妻子，但因為兩人的父親交情深厚，堅固了兩個女孩的友情。她們特別喜愛聯手對抗冷漠無趣的邵妲。

阿伊夏可能是在此時搬進了清真寺旁為她準備的房間，雖然塔巴里說因為她還年輕，可以在她父母的房子多住一陣子。穆罕默德是一名體貼的丈夫。他堅持讓每位妻子住在狹小簡樸的小屋中，過著節約的生活，但他總會幫忙她們做家事，並照料自己的個人需求，縫補他的衣服、修補他的鞋子，還照顧家族的羊群。他和阿伊夏相處時特別放鬆，常邀她一起賽跑、玩其他類似的遊戲。她伶牙俐齒，絕對不是害羞或順從的妻子，但她喜歡嬌慣穆罕默德，在他的頭髮上塗抹他最愛的香水，共用同一個杯子喝水。有天，他們並肩同坐，先知正忙著修補他的涼鞋，她看見他的臉龐因閃過一絲思緒而開朗起來。阿伊夏看了他一會，便稱讚他爽朗快樂的表情，於是穆罕默德起身親吻她的額頭，說道：「阿伊夏呀，願真主賜予妳豐富的報償。我帶給妳的喜悅遠不及妳帶給我的。」[22]

穆罕默德和他的家人及友伴比鄰而居，認為他的公共與私人生活間並無對立。[23]他的妻子們在房裡能夠聽見清真寺的任何言論。遷士們馬上注意到麥地那的女性有所不同，她們並不像在麥加被嚴厲管控，也很快發現自己的妻子們開始感染麥地那女性更開放的作風：伍瑪爾的妻子不再溫順地接受他的責備，開始向他頂嘴，令他大發雷霆，而當他訓斥她時，她僅僅答道先知允許他的妻子與他爭辯。[24]麻煩的問題即將浮現。穆罕默德刻意抹去公共與私人界線的舉動顛覆了男性優勢，因為唯有公私分明才能維持男人的主導地位。

驅逐蓋努嘎族

勝利帶來的歡欣漸漸退去後，穆罕默德發現，雖然整體而言他在阿拉伯半島的聲望已經提升，對於麥加即將發動攻擊的恐懼使麥地那的反對人士聲勢上漲。伊本—烏拜和他的支持者受到三支最大的猶太部族支持——納迪爾、古萊札以及蓋努嘎，這些部族依賴與古萊須族的商業連結維生，因此不願參與任何對抗麥加的戰爭。第三陣營開始在麥地那嶄露頭角。約在巴德爾之役後的十週，阿布—蘇斐揚象徵性地率領了兩百名男子，劫掠鄰近麥地那的耕地，並在夜色的掩護下，潛入納迪爾族的領地，接受納迪爾族首領薩拉姆．伊本—米胥坎（Sallam ibn Mishkan）的款待，據伊本—易斯哈格所述，這名首領「向他洩漏了穆斯林的祕密情資」。[25]

穆罕默德的偵察兵協助他隨時掌握敵營動態。這三支猶太部族顯然構成安全隱患，他們都擁有龐大的軍隊和精良的士兵。如果麥加的軍隊在麥地那的南方紮營，那裡正是納迪爾族和古萊札族的領地，他們便能輕易加入古萊須族的勢力，破壞麥地那的防禦。如果古萊須族決定從北方進攻，這會是他們的最佳選擇，納迪爾族和古萊札族可以從南方夾攻穆斯林。不過，更迫切的威脅是蓋努嘎族，他們是最富裕的猶太部族，以及伊本—烏拜的前盟友，還掌控了麥地那中心的市集。[26] 穆斯林自己建立了一個小型市集，但基於宗教考量不收取利息。蓋努嘎族視此舉為直接的挑戰，決定打破他們和先知的協議，加入反對陣營。穆罕默德拜訪他們的地區，並以他們共同的信仰之名，請求他們維持和平。他們桀驁不馴地沉默聆聽，接著答道：

穆罕默德啊，你似乎認為我們是你的族人。別再欺騙自己了，你（在巴德爾）只是和一個對戰鬥一無所知的部族交鋒，才打敗他們；因為以阿拉之名，如果是我們對抗你，你就會知道我們才是真正的男人！[27]

於是，穆罕默德只好告退，對局勢一籌莫展。

幾天後，蓋努嘎族的市集爆發紛爭，一名猶太金匠辱罵了一名穆斯林女性。穆罕默德作為仲裁者，被邀請到現場調停，但蓋努嘎族的首領們拒絕接受他的裁決，並躲入他們封鎖的堡壘中，召喚阿拉伯同盟的援助。蓋努嘎族擁有七百人的軍隊，如果他們的盟友響應號召，他們絕對能夠打敗穆斯林社群，甚至消滅之。不過，阿拉伯人堅定地站在穆罕默德身後支持他，伊本—烏拜也發現自己無能幫助他的舊盟友。經過兩週的圍攻，蓋努嘎族被迫無條件投降。人們可能預期穆罕默德將屠殺蓋努嘎族的男人，並把女人和小孩賣作奴隸——這是傳統懲罰叛徒的方式——但他答應了伊本—烏拜手下留情的請求，表示只要整個部族立刻離開麥地那，就能得到饒恕。於是，蓋努嘎準備動身。他們下了賭注，但低估了穆罕默德在近期受擁戴的程度。他們的阿拉伯盟友或猶太人都並未就此提出抗議。在穆斯林遷徙之前，部族便經常在互相殘殺的戰爭中被逐出綠洲，因此驅逐只是實行多年的一個步驟，早在穆罕默德抵達前就已經開始。[28]穆罕默德雖然避免了流血衝突，卻深陷悲痛的道德兩難：他們對抗古萊須族的聖戰有其正當性，是因為穆斯林被迫離開自己的原生城市，《古蘭經》指責驅離是一項嚴重的罪惡。此刻，他受限於阿拉伯半島兇殘暴戾的習俗，被迫將另一群人趕出他們的家鄉。

烏胡德山之役

麥地那的人們因為預期麥加必然會反攻而心焦如焚。因為阿布—賈赫勒在巴德爾被殺害，阿布—拉哈布也在不久後逝世，阿布—蘇斐揚現在成為古萊須族的族長，而且是個遠遠更難以對付的敵人。夏末時，一群穆斯林劫掠者俘虜了一支龐大的麥加商隊。如果是阿布—賈赫勒一定會馬上發動報復行動，但阿布—蘇斐揚並沒有讓這次的打擊影響他長期的目標。他只是加強準備，建立一個龐大的貝都因聯盟。冬天的雨季一結束，三千名士兵帶著三千頭駱駝和兩百匹馬，在六二五年三月十一日從麥加動身北進。經過一週多的遠征，他們紮營在麥地那的西北方，烏胡德山（Mount Uhud）前的平原。[29]

麥地那人在一週前才得知麥加軍隊正在逼近。他們來不及從田裡採收作物，但穆罕默德和其他首領成功將人們從邊緣地帶集中到「城市」裡，封鎖城界。身經百戰的戰士們催促眾人提高警戒。在阿拉伯半島，要長期圍城相當困難；而他們建議所有人都該待在圍欄後方，拒絕與古萊須族接觸，最終將能迫使古萊須族撤退。可是巴德爾之役勝利後，年輕人都躍躍欲試，而成功讓更多人支持這個提議。穆罕默德並非最高指揮官，只能屈從這個災難性的決定。首要的幾支猶太部族拒絕參戰，而伊本—烏拜從軍隊中撤回他的人馬，因此到了隔天早晨穆罕默德面對古萊須族時，人數只有對方的三分之一。當雙方軍隊開始進攻，阿布－蘇斐揚的妻子欣德（Hind）和其他女性跟在麥加隊伍後方行進，高唱戰歌，並拍打她們的手鼓。穆斯林幾乎立即被麥加騎兵隊伍猛烈的突襲所擊潰。穆罕默德被擊中而昏了過去，但他被殺害的謠言在戰場上傳開了。

事實上，他只是暈厥，但古萊須族沒有費心去確認謠言真偽，於是沒有乘勝追擊。因此，倖存的穆斯林撤退時仍能維持相當良好的狀況。共有二十二名麥加人和六十五名穆斯林身亡，包括穆罕默德的叔叔漢姆札，他過去是位著名的戰士。古萊須族人跑到沙場上破壞屍體；其中一人切出漢姆札的肝臟，接著把這駭人的戰利品獻給欣德，她吃了一口屍肝，來為她在巴德爾喪生漢姆札手下的哥哥復仇。接著她割下他的鼻子、耳朵和生殖器，並敦促其他女人效法她，而讓某些她們的貝都因盟友憎惡的是，她們離開戰場時還大肆誇耀自己的手鐲、墜飾項鍊及衣領，令人毛骨悚然。在他的軍隊離開前，阿布－蘇斐揚失望地得知穆罕默德還活著。「明年巴德爾再戰！」他叫喊道，在臨別前下了戰帖。「好！」一名穆斯林替穆罕默德高聲答覆，「一言為定！」[30]

穆斯林的戰敗原先可能更為慘烈；若古萊須族繼續猛攻，很可能會將整個穆斯林社群毀壞殆盡。可是，烏胡德之役的心理影響十分慘重。當穆罕默德在戰後返家，身體仍憔悴虛弱，便聽見清真寺外的嚎啕痛哭聲：輔士們的妻子正在哀悼丈夫的死亡。穆斯林對拒絕作戰的伊本─烏拜痛恨至極。接續的週五，當伊本─烏拜起身要在清真寺演說，其中一名輔士抓住他不放，要他閉上嘴巴。他暴怒大步走出清真寺，拒絕請求穆罕默德原諒。迄今，偽君子（《古蘭經》這麼稱呼伊本─烏拜的支持者）一直虛與委蛇，等待著情勢進展；而現在，他們則公然表露敵意。他們聲稱，穆罕默德在巴德爾的勝利只是曇花一現，他已為麥地那帶來死亡與毀滅。

一夫四妻的頒布

每位喪生的穆斯林都留下了失去保護者的妻女。戰敗後，穆罕默德接收到一則啟示，允許穆斯林娶四名妻子。穆斯林必須謹記，神是從一個生命實體創造出男人和女人，因此在祂眼中兩性同樣珍貴。

> 你們應當把孤兒的財產交還他們，不要以（你們的）惡劣的（財產），換取（他們的）佳美的（財產）；也不要把他們的財產併入你們的財產，而加以吞蝕。

這確是大罪。

如果你們恐怕不能公平對待孤兒，那麼，你們可以擇娶（其他）你們愛悅的女人——（甚至）娶兩妻、三妻、四妻；但如果你們恐怕不能公平對待她們，那麼，你們（只）可以各娶一妻——或是正當擁有的女奴。這將避免你偏離正道。[31]

至今，一夫多妻制一直被批評為穆斯林女性重大苦難的根源，但啟示降下當時，這個制度其實構成一大社會進步。[32]在前伊斯蘭時期，男性和女性都可以擁有多位伴侶。女性結婚後會待在原生家庭，而她所有的「丈夫」都會到家中拜訪她。實際上，這就是一種獲得許可的賣淫行為。因此，孩子的父親身分難以確定，通常被視為是母親的後代。男性無須供養妻子，也不必對子女負起責任。然而，阿拉伯半島正在轉變。半島上個人主義的新興精神，代表男性愈來愈關心自己的子嗣，對個人財產也更有所堅持，希望兒子能繼承他們的財富。《古蘭經》促使這樣的風氣發展為較傾向父權的社會。穆罕默德讓他的妻子們住進自己的家中並撫養她們，來表示贊同這項改變，而那些設立多妻制的經節認為穆斯林男性理所當然會效法他的做法。不過，《古蘭經》也意識到一個社會問題，而這則啟示正試圖革除之。

在前伊斯蘭時期，女性無法擁有自己的財產。任何她得到的財富都歸她的家族所有，並由她的男性親戚掌管。不過在麥加，個人主義比阿拉伯半島任何地方都要顯著，有些貴族女性已經能夠繼承並運用自己的財富。哈蒂嘉便是很好的例子，但這種情形在麥加仍屬少數，在麥地那則幾乎前所未聞。大部分的男人都認為，女人可以繼承並管理財產的觀念十分荒謬可笑。女人是沒有個人權利的。她們有什麼資格擁有呢？除了某些貴族的例外，她們對經濟毫無貢獻；而她們也不參與資源劫掠，無法為社群帶來財富。傳統上，女性被視為男性資產的一部分。男人死後，他的妻女們會轉讓給他的男性繼承人，而這些繼承人通常會讓女性保持未婚、貧困的狀態，以利控制她們的繼承權。

《古蘭經》的多妻制是一項社會立法。法規的目的並非滿足男性性慾，而是匡正特別脆弱的寡婦、孤兒及其他女性眷屬所承受的不義。肆無忌憚的人們時常侵占一切，而家族中較弱勢的成員卻一無所有。[33]女性經常被男性監護人性虐待，或被轉換成財務資產、賣為女奴。舉例來說，伊本—烏拜便強迫他的女奴們賣淫，並侵吞所有收益。《古蘭經》直言不諱地駁斥這種行為，並視女性的繼承權為理所當然，不能讓與他人。多妻制的宗旨是確保不受保護的女性能體面地進入婚姻，同時廢除過去未予束縛、不負責任的暗通款曲；男人**只能**娶四個妻子，且必須公平對待她們；侵吞她們的財產是無可辯解的惡行。

《古蘭經》試圖賦予女性合法的地位，而大部分的西方女性一直到十九世紀才享有這樣的權利。先知以解放女性為己任，卻被穆斯林社群中許多男性堅決反對，其中更包括一些最親近他的友伴。在物資困乏的社會裡，要扛起四名女性及其子女的財務責任需要一定的勇氣和憐憫心。穆斯林必須有信心，神將會供養他們：

> 與你們中未婚的男女和你們的善良奴婢成婚。如果他們是貧窮的，真主將以祂的恩惠，使他們富足。真主是寬恩的，是全知的。[34]

穆罕默德帶頭示範。烏胡德之役後，他再次娶妻，給宰娜卜．賓特—胡宰瑪（Zaynab bint Khuzaymah）一個新家，她是一名寡婦，前夫在巴德爾戰亡。此外，她還是阿米爾氏族貝都因首領的女兒，因此這段婚姻建立了新的政治聯盟。她得到了一間清真寺旁新建的房室，在那裡加入她「姊妹們」——邵妲、阿伊夏和哈芙莎——的行列。

穆罕默德並未視他的妻子們為私財。她們是他的「友伴」——與男性無異。軍事征戰時，穆罕默德通常會帶他的一名妻子同行，常常因為每天晚上都待在他們的帳篷裡，不和其他男人交際，而讓他的指揮官失望。在軍營中，女性並未溫順地與男性隔離，而是自由走動，與聞軍務。在前伊斯蘭的阿拉伯半島，這樣的自由對菁英女性而言相當普遍，但仍觸怒了伍瑪爾。「妳的大膽簡直是傲慢！」有天他遇見阿伊夏在前線散步時大吼道，「要是災難降臨到我們身上怎麼辦？要是我們戰敗，而人們被俘虜怎麼辦？」[35]穆罕默德對家庭事務的安排，給予他的妻子接觸政治的新管道，而她們在這個領域似乎也相當自在。不久後，其他女性便同樣感受到自己可以擁有這些權力，而他的敵人則開始用女性運動來破壞先知的聲譽。

驅逐納迪爾族

穆罕默德必須挽回他在烏胡德喪失的名聲。他無法再次冒險公開與古萊須族交戰，同時也無法承擔顯露自己弱點的後果。從六二五年夏天的兩起事件可以看出他當時的地位多麼脆弱。位於麥地那西邊的內志（Najd）地區，有兩支貝都因部族請求伊斯蘭信仰的指導，於是穆罕默德派了六位最能幹的穆斯林男性前往。途中，他們遭逢古代德的一位首領攻擊；古代德即三鶴鳥之一的瑪納特女神的城市。三名穆斯林被殺，其餘遭到俘虜。其中有一位在試圖逃亡時被亂石砸死，其他兩人則被當成奴隸、賣到麥加，之後被帶到聖壇外，釘在十字架上處死。

大約同一時間，穆罕默德的新岳父、阿米爾氏族的首領阿布—巴拉（Abu Bara'），為對抗族內交戰中的派系而向他求助。穆罕默德指派了四十名穆斯林，幾乎全數都在阿米爾族領地旁遭蘇萊姆（Sulaym）族成員屠殺。其中一位倖存的穆斯林看見兩名阿米爾族人悠閒地躺在樹下小憩時，出手殺害他們，因為他認定他們的氏族應該為這場殺戮負責，於是用傳統的方式復仇。他返回麥地那後，穆罕默德告訴他這麼做是不對的，但復仇的傳統是如此深根於阿拉伯半島，幾乎不可能遏止。穆罕默德堅持按慣例付給阿布—巴拉補償金。儘管嚴格來說，蘇萊姆族人才是罪魁禍首，穆罕默德仍願意協助阿米爾族，此舉使部分貝都因人對穆斯林社群的態度更為友善。有些蘇萊姆族人深受穆斯林受害者的勇氣感動，自願歸信伊斯蘭。

穆罕默德在麥加的地位依然不甚穩固，不能冒險鬆懈警戒。當他去邀請納迪爾猶太部族一同為阿米爾族的受難家屬募捐補償金時，他千鈞一髮地逃過一次暗殺攻擊：有些納迪爾族成員計畫從附近的屋頂上滾落一塊巨石，砸死穆罕默德。伊本—烏拜承諾將協助他們，他們可能假設烏胡德之役已經讓穆罕默德身敗名裂，而麥地那人將會和他們站在一起。於是，當他們接收到前盟友奧斯族的冷酷信息時非常震驚：他們已經違反與先知的協議，不能再待在這座城市。

如同在他們之前的蓋努嘎族，納迪爾族也撤退到他們的堡壘中，等待盟友解圍，卻沒有任何援助出現。猶太部族古萊札當時也敵視穆罕默德，但甚至連強大的古萊札族都告訴他們得自力更生。兩週後，納迪爾族人明白自己不再能夠繼續維持封鎖，因此當穆罕默德下令砍倒他們的棕櫚樹——阿拉伯半島的一種明確的開戰表示——他們便拱手投降，哀求他饒他們一命。穆罕默德同意，只要他們立即離開綠洲，而且只攜帶他們的駱駝能夠載運的貨物，便放他們一條生路。於是納迪爾族打包他們的物品，甚至拆下門上的楣石，也不願留下給穆罕默德，並且得意洋洋地列隊離開麥地那，彷彿凱旋離去。女人們把所有珠寶和華麗服飾穿在身上，敲打手鼓，伴著笛聲與鼓聲歌唱。他們迂迴穿過綠洲的果園和村莊，終於上路前往敘利亞。不過有些人待在亥巴爾的鄰近猶太聚落，在那裡幫助阿布—蘇斐揚建立對抗穆斯林的聯盟，大肆號召北方部族的支持。[36]

短短兩年期間，穆罕默德已經將兩支強盛的部族趕出麥地那，此時穆斯林也掌控了蓋努嘎族撤出的市集。如我們所見，這並非穆罕默德的本意。他一直希望能夠終止暴力和驅逐的循環，而非助長之。穆罕默德已經表現出自己並非等閒之輩，但他必定也反省過，這樣的成功並未帶來正面的道德與政治效果，因為留守在亥巴爾的納迪爾族仍是不可忽略的威脅。履行阿布—蘇斐揚在烏胡德的臨別之語：「明年巴德爾再戰！」的時刻近了，可是穆罕默德採取了危險的策略。他必須重振聲威，但他的軍隊士氣低迷，無法再次冒險激戰。然而，在巴德爾舉辦年度市集的那週，穆罕默德仍率領一千五百人前往。先知相當幸運，阿布—蘇斐揚並未現身。他沒有預期穆斯林會遵守承諾，與他的軍隊啟程純粹是為了顯威風，打算在得知穆罕默德沒膽子踏出麥地那後便打道回府。當年嚴重乾旱，征途上沒有一草一葉能夠餵食駱駝，僅僅數日的存糧消耗殆盡後，阿布—蘇斐揚不得不帶領他的人馬返家。麥加人殘酷地斥責他，因為現在貝都因人都深深敬佩穆斯林的勇氣。[37]

在麥地那，穆罕默德的處境仍屬弱勢。[38]不過，就整個半島而言，局勢已漸漸轉為對他有利。只要他聽聞某個貝都因部族加入麥加的聯盟，便會率眾劫掠他們的畜群——即使這意謂著必須遠征五百英里至敘利亞邊界。六二六年六月，他得知嘎塔芬（Ghatafan）貝都因部族的幾支氏族正計畫掠奪麥地那，便動身擊退他們的行動。當穆斯林在札特里嘎（Dhat al-Riqa）與敵人正面交鋒時，穆罕默德同樣並未主動出擊，但連續三天都保持正對敵方。塔巴里和伊本—易斯哈格都清楚表明穆斯林軍隊內心相當懼怕，但似乎嘎塔芬也是如此。在這恐慌的氣氛中，穆罕默德接收到一則啟示，訂下「憂懼禮拜」（Prayer of Fear），這是一般跪拜程序的簡潔版本，適用於戰爭的緊急狀況。[39]穆斯林不應在特定時間集體禮拜，使他們的敵人有機可乘，而應該輪流禮拜，且不卸除武裝。最後，這場戰爭在開打前就不了了之地結束。嘎塔芬撤退，穆罕默德也可以返回麥地那，拿下象徵性的勝利。

憂懼禮拜顯示出這個新宗教的處境變得多麼四面楚歌，而必須提高防衛。在這樣的背景下，我們必然看見《古蘭經》明顯對性別平等減少著墨。六二六年一月，穆罕默德的新妻宰娜卜在他們婚禮的八個月後辭世。不久後，他開始接近欣德·賓特—阿比—伍麥亞（Hind bint Abi Umayyah），她的前夫是穆罕默德戰死在烏胡德的表親阿布—薩拉瑪（Abu Salamah），現在獨自養育四子。欣德二十九歲，人們常稱她為烏姆—薩拉瑪（Umm Salamah）；她美麗、成熟又十分聰穎，將能像哈蒂嘉那般陪伴先知，帶給他喜悅。此外，她的哥哥還是麥加最強勢的部族之一瑪赫祖姆（Makhzum）的一位領導人物。起初，她不願嫁給穆罕默德。她解釋說，她非常深愛她的丈夫；她也不再年輕了，而且妒忌成性，不確定自己是否能適應與其他妻子們共同生活。聞畢，穆罕默德面帶微笑——他的笑容十分溫柔，幾乎能使所有人放下戒心——並向她保證，他自己已近六十歲，比她年長多了，而神將會消除她的忌妒心。

女性的獨立地位

她的疑慮相當正確，因為清真寺裡的生活並不容易。[40]穆罕默德的妻子們所居住的房間非常狹小，在房裡幾乎難以站直身子。穆罕默德沒有自己的房子，他總是輪流和每位妻子過夜，而烏姆—薩拉瑪的小屋成為他日間的正式住所。屋裡實際上毫無隱私可言，因為穆罕默德總是被人群圍繞。他的女兒和孫兒女也經常來拜訪他。他相當寵愛阿里和法蒂瑪的兒子哈珊（Hasan）和胡笙（Husayn），還特別喜愛他的小孫女烏瑪瑪，總是把她放在肩上，背她進清真寺。此外，他時常和幾位親近的友伴祕密會談，如阿布—巴克爾、宰德、阿里、伍斯曼，也愈來愈頻繁和伍瑪爾會面。而隨著穆罕默德在阿拉伯半島日漸廣受敬重，他還必須接待騎著駱駝、湧進庭院的貝都因部族代表團。

當他結束禮拜、走出清真寺，成群的請願人便團團圍住他們的先知，拉扯他的衣物，銜著他的臉大吼著疑問和請求。[41]他們會跟隨他進入妻子的小屋，緊緊簇擁著餐桌，有時甚至無法拿取桌上一丁點食物。[42]這對穆罕默德而言是沉重的壓力，因為他生性內向、拘謹，又對難聞的體味和口氣十分敏感。同時，他也正漸漸老去。雖然他只有幾綹灰白的頭髮，而且健步如飛，走路時腳掌彷彿幾乎沒有接觸到地面，但他已年近六十——這在阿拉伯半島已屬年長，還曾在烏胡德之役負傷。長期壓力也開始影響他，此時全麥地那都畏懼地等待著麥加軍隊勢在必行的反擊，而穆斯林社群面臨前所未有的分歧。[43]

當烏姆—薩拉瑪一住進清真寺，內部糾紛便浮上檯面。阿伊夏極端痛恨這名美麗、高貴的女性的到來，妻子間日益擴大的裂痕正好反映出穆斯林社群內部的緊張關係。烏姆—薩拉瑪代表著較具有貴族血統的遷士，而阿布—巴克爾和伍瑪爾的女兒阿伊夏和哈芙莎，則出身掌權者中較平民的派別。每位穆罕默德的妻子都支持著兩方派系之一。烏姆—薩拉瑪經常仰賴第三個團體的支持，那就是「先知家族」（*ahl al-beit*），由穆罕默德最親近的家族成員組成。在她剛嫁給穆罕默德時，這些分歧才正在萌芽，穆斯林社群內部的差異很快就要浮現檯面，每個歸信伊斯蘭的人們也都懷抱的不同的認知與期待。

烏姆—薩拉瑪很快便成為麥地那女性的發言人。[44]穆罕默德的起居安排實際將他的妻子們置於社群的中心，讓穆斯林女性對於自身角色有了全新的想像。阿伊夏和哈芙莎仍是年輕的少女，有時比較自私、任性，但烏姆—薩拉瑪性格迥異。她結婚後不久，一群女性代表詢問她為何《古蘭經》甚少提及她們。烏姆—薩拉瑪將她們的問題轉達給先知。一如往常，他耗費許多時間，謹慎深思此一議題。幾天後，當她在房裡梳理頭髮時，她聽見穆罕默德正在清真寺朗誦一段革命性的新篇章：

順服的男女、
信道的男女、
服從的男女、
誠實的男女、
堅忍的男女、
好施的男女、
齋戒的男女、
保守貞操的男女、
常念真主的男女——

真主已為他們預備了赦宥
和重大的報酬。[45]

換句話說，這是伊斯蘭中完整的性別平等；男性和女性都肩負同樣的職責與責任。當女性們聽見這段經節，便下定決心要將這項願景落實為日常生活的現實。

神似乎是站在她們這邊的。不久後，一個完整、獻給女性的篇章便出現了。女人不會再被當成男性的繼承物，彷彿她們是駱駝或椰棗樹。她們可以親自繼承財產，和男性一同爭取部分資產。[46]沒有任何孤女的監護人能在違反她們意願的狀況下娶她們為妻，彷彿她只是一項動產。[47]而如同前伊斯蘭時期的習俗，女性仍保留啟動離婚訴訟的權力，但丈夫可以拒絕遵從。按阿拉伯半島的傳統，新郎會贈予新娘聘禮，但實質上這份禮物是屬於她的家族的。現在，聘禮將直接贈送給女性，成為她不可剝奪的財產，離婚時男性不得要求收回聘禮，以便確保她的安全。[48]《古蘭經》的律法堅持，所有個人都擁有自由與主權——這同樣適用於女性。

在七世紀的阿拉伯半島，這是一項驚人的革新，而使穆斯林社群的男性怒不可遏。神止在拿走他們的特權！原先他們已經準備好不惜性命、為祂而戰，現在祂卻要求他們犧牲個人生活！麥地那人特別憤怒！難道是希望他們切割耕地，分給女人一份嗎？「怎麼可以，」他們問道，「賦予女人和小孩繼承權？他們既不勞動，也不必負擔生計。他們現在能像工作賺錢的男性一樣繼承財產了嗎？」而先知提到醜陋的小女孩都能繼承財富時是認真的嗎？「沒錯，毫無疑問。」穆罕默德答道。[49]有些人試圖找尋這則律法的漏洞，但女人們向穆罕默德控訴，而《古蘭經》支持她們。[50]

接著，女人們提出另一項要求：既然劫掠行動對經濟如此重要，為何她們不能同樣武裝上陣？烏姆—薩拉瑪再度將她們的問題轉達先知。[51]這將直搗劫掠經濟的核心。在掠奪行動中淪為俘虜的女人是價值不斐的戰利品；她可以被販賣、娶為妻妾、用作勞力，或被迫賣淫。如果允許女性戰鬥，而非被動的等待受俘，劫掠收入將大幅減少。這項爭議使社群分裂，許多憤怒的男人包圍著穆罕默德，認為阿拉讓他們威嚴掃地。伍瑪爾尤其無法理解先知對女性荒謬的仁慈，但穆罕默德立場堅定，堅決主張神已表明祂的意志。

然而，穆斯林女性在錯誤的時機提出這項主張。在穆斯林社群面臨滅絕的時刻，男性不可能接受這些改變。繼承和離婚的律法依然通行，但穆罕默德發現他在麥地那的敵人開始利用這些徹底變革的立法，來達到政治目的，而在這關鍵時刻，穆罕默德更遭到幾位他最親近的友伴的反對。這場紛爭因毆妻問題來到緊要關頭。[52]《古蘭經》禁止穆斯林彼此施加暴力，於是女人開始向先知控訴丈夫對她們拳腳相向，要求他們應按《古蘭經》規定接受懲罰。有些女性甚至開始拒絕和粗魯的丈夫行房。穆罕默德十分厭惡對女人施暴的行為。「先知從未動手毆打過他的妻子或奴僕，也沒有打過任何其他人，」伊本—薩阿德回憶道。他「一直以來都反對毆妻」[53]，但他的思想在那時代相當進步。如伍瑪爾、伊本—烏拜等男性經常沒有多想就毆打他們的妻子，甚至連溫和的阿布—巴克爾都是如此。然而，穆罕默德知道阿布—蘇斐揚正在召集龐大的軍隊攻打麥地那，因此他必須讓步來保持眾人對他的忠誠。「那好吧，」他告訴他憤慨的友伴們，「可以打她們，但只有最惡劣的人才會仰賴這種手段。」[54]有則啟示似乎允許丈夫對妻子動手，但並非穆罕默德所欲。[55]「我無法忍受目睹粗魯的男人憤怒地對妻子揮拳，」他說。[56]與麥加的衝突再次讓他對理想妥協，迫使他必須採取在正常狀況下他會亟欲避免的做法。《古蘭經》中關於女性的律法與戰爭的經節糾纏在一起，當時戰爭無可避免地影響了麥地那的一切。穆罕默德深知，如果他的軍隊心懷不滿，他們絕對無法在麥加的猛攻中存活下來。

壕溝之戰

六二七年三月，古萊須族及其盟友組成一支一萬人的大軍，浩浩蕩蕩地朝麥地那前進。[57]從麥地那和貝都因同盟部族中，穆罕默德只能招募到區區三千名戰士。這次對方不會再有虛張聲勢的愚蠢舉動；於是，穆斯林退守綠洲中心的「城區」中。麥地那有三面被峭壁和布滿火山岩的平原圍繞，防禦工作並不困難。最脆弱的是北面，但穆罕默德採用了一名波斯歸信者薩勒曼・法爾希（Salman al-Farsi）建議的策略。古萊須族不疾不徐，勢在必得地從容行進，因此穆斯林有許多準備時間。他們採收偏遠耕地的農作物，所以這次麥加人將無法找到任何糧食，接著整個社群都前往綠洲的北部，開始挖掘一條巨大的壕溝。就阿拉伯人的觀感而言，這絕對是令人吃驚，甚至是震撼的舉動。在蒙昧時代，沒有任何勇敢的戰士會想到要在自己和敵人之間擺放一道屏障。他們會認為像奴隸一樣鏟土有辱身分。不過，穆罕默德和他的友伴們並肩勞動，和他的同伴一起談笑、玩樂和歌唱。士氣十分高昂。

古萊須族和他們的軍隊抵達時，那條溝渠令他們目瞪口呆。從壕溝中挖出來的泥土被用來建造成懸崖，有效地掩護軍營中的麥地那人，也讓他們能夠處於優勢，從高處投擲砲石。古萊須族困惑不已。他們此生從未見過如此沒有武士精神的東西！[58]他們引以為傲的騎兵部隊毫無用武之地。時不時就會有位騎兵試圖率領眾人衝刺進攻敵方陣線，但總是在抵達戰壕時便慌張卻步。

圍攻只維持了一個月，但尾聲似乎遙遙無期。為了供養、補給麥地那的盟友和自己的人馬，使得城市資源緊縮。伊本—烏拜和他的黨羽們指控穆罕默德正帶來毀滅[59]，而猶太的古萊札部族公開支持古萊須族。亥巴爾的猶太人替麥加軍隊貢獻了一支騎兵大隊，其中包括許多流亡的納迪爾族人。在麥加軍隊抵達之前，納迪爾族的首領胡葉・伊本—阿赫塔卜（Huyay ibn Akhtab）試圖說服古萊札族從後方攻擊穆斯林，或偷渡兩千名納迪爾族人進入綠洲，以利他們屠殺堡壘中的女人和小孩。起初古萊札族仍猶豫不決，但當他們看見麥加軍隊布滿了視線所及的整片城外平原，其首領便答應幫助古萊須族聯盟，供應他們武器和補給品。穆罕默德得知這背叛之舉時相當驚詫。他指派薩阿德・伊本—穆阿志前去交涉，他過去是古萊札族首要的阿拉伯盟友，可是無功而返。古萊札族一度開始從聚落的東南方襲擊堡壘，但攻勢逐漸減弱。大約整整三週，他們的下一步都晦暗不明。

這場圍城攻防後來被稱為壕溝之戰（Battle of the Trench），自始至終穆斯林都覺得危在旦夕。面對死期將至，有些人幾近崩潰。「你們的眼神飄移，心達咽喉，」《古蘭經》回溯當時情景，「並對真主作出種種猜測；彼時，眾信仰者受到考驗，劇烈動搖。」[60]不過，正當城內的人們心驚膽顫，在溝渠的另一邊，古萊須族也已筋疲力竭。他們的糧食不足，而缺乏戰爭經驗讓他們在面臨突然的逆轉時容易士氣低迷。最終，他們的決心被一場肆虐軍營的暴風雨澆熄。阿布—蘇斐揚承認戰敗。馬匹和駱駝損失慘重，古萊札族後援不及，他的軍隊又失去了帳篷、篝火和煮鍋。「離開吧，」他向士兵們宣布，「因為我也將離去。」[61]翌日早晨，穆斯林從懸崖上凝神向下看，平原已恢復一片荒蕪。

可是，穆罕默德該如何處置古萊札族呢？古萊須族的離去並未減緩反對他的激烈聲浪。他的反對者深信，麥加人將在不久後捲土重來，為他們所受的屈辱展開慘烈的報復，因此再度加強反抗他的力道。麥地那聚落的內戰已來到引爆邊緣，在這一觸即發的氛圍下，不能對古萊札族寬容。麥加軍隊離開隔天，穆罕默德的軍隊包圍古萊札族的堡壘，於是古萊札族請求比照蓋努嘎族和納迪爾族的協議，希望獲准離開麥地那。不過這次，穆罕默德拒絕了：事實證明，流亡的納迪爾族同樣能夠對穆斯林社群造成威脅。古萊札族的長老同意接受前盟友薩阿德．伊本—穆阿志的仲裁。薩阿德在圍城時身受重傷，被放到擔架上扛到古萊札族的村莊。即使其他部族替他們向薩阿德求情，但他認為古萊札族的存在是如芒在背不可不除，因此做出符合習俗的裁決：部族的七百名男性都應被處死，他們的妻兒將被賣作奴隸，財產則由穆斯林瓜分。據說，當穆罕默德聽聞仲裁結果時大喊：「你已按照七重天之上的真主裁定作出判決！」[62] 翌日立即行刑。

雖然我們今天看來這樣的懲罰慘絕人寰，當時幾乎阿拉伯半島上的所有人都已預料到薩阿德的裁判。根據文獻，甚至連古萊札族本身都並未對判決感到意外。執行死刑對亥巴爾的猶太人釋出冷酷的警告，而貝都因人也會留意到穆罕默德並未在復仇時退縮。這次他斬釘截鐵地展現力量，並期望這將能夠終結衝突。這個無望、原始的社會即將邁入新時代，但此時如此大規模的暴力與殺戮仍屬常態。[63]

即便如此，這起事件標誌出穆罕默德志業的最低點。然而，指出殺害古萊札族並非出自宗教或種族立場十分重要。綠洲的其餘猶太部族都並未反對或試圖干預，顯然視之為純粹的政治及部族問題。作為古萊札族附庸的阿拉伯部族奇拉布（Kilab）中，亦有數量可觀的族人同猶太人遭到處死。穆罕默德和猶太人之間沒有理念之爭。他曾說：「凡是冤枉或殺害猶太人或基督教徒者，在審判日時必須接受我的質問。」古萊札族受極刑是因為背信忘義。麥地那的其餘十七支猶太部族依舊居住在綠洲，長年和穆斯林維持友好的關係，而《古蘭經》持續堅決主張，穆斯林必須牢記他們和有經書的子民之間存在靈性上的親緣關係：

除非是以最友善的態度，否則不要與追隨早期啟示的人爭論——除了他們當中那些作惡的人——你們應當說：「我們信仰已經降給我們的和降給你們的那些，因為我們的主和你們的主是同一位主，我們都已歸順了祂。」[64]

在日後的伊斯蘭帝國下，猶太人享有完整的宗教自由，直到二十世紀中阿拉伯和以色列衝突愈演愈烈，反猶太主義（anti-Semitism）才成為穆斯林之惡。

在穆罕默德時代的阿拉伯人眼中，古萊札族的悲劇或許是權宜之計，但今日的我們必然無法接受。這也並非穆罕默德的原意。他最初的目標是終結蒙昧時期的暴力，但此時他卻與任何的阿拉伯首領沒什麼不同。為了達到最終的和平，他曾經認為必須發動戰爭，可是血腥衝突卻招致了攻擊與反擊、暴行與報復的惡性循環，這大大抵觸了伊斯蘭的基本原則。當穆罕默德離開古萊札族的村莊，走向仍因仇恨沸騰的城市，必定察覺自己必須尋求另一種方式來化解干戈。他必須果決斬斷蒙昧時代殘留的積習，開啟新時代的觀念。

第五章

和平

穆罕默德不斷警告他們，不得像基督教徒崇敬爾撒那樣尊敬他，因為他只是個凡人，與任何其他人無異。因此，拒絕承認穆罕默德已逝就是拒否他的話語。可是，只要穆斯林虔信只有神才值得崇拜，穆罕默德就會活在他們心中。

耳語攻擊

穆罕默德對古萊須族的勝利大大提升了他在半島的聲譽。接下來的幾個月內，他利用此一優勢，派遣軍隊襲劫與麥加聯盟的部族，以加強經濟封鎖對古萊須族貿易的打擊，並吸引部分敘利亞的商隊轉往麥加。他連連告捷，讓許多阿拉伯人開始質疑起傳統信仰的效力。他們是個很務實的民族，相較於抽象的思索，他們對一個宗教體制的實質效果更感興趣。麥加軍隊結束圍城離開麥地那時，指揮官哈立德·伊本─瓦立德大喊：「現在任何有理智的人都知道穆罕默德沒有說謊！」[1]連最投入的古老信仰追隨者都開始認同他。在一次掠奪麥加商隊的行動中，阿布─阿斯被俘，他是穆罕默德的前女婿，曾經寧願放棄自己的家庭也不願接受伊斯蘭；穆罕默德下令釋放他，並把商品歸還給他，這第二次的寬宏之舉讓阿布─阿斯深受感動，於是在把貨物帶回麥加之後，他遷徙到麥地那，歸信伊斯蘭，重新和宰娜卜及他們的小女兒團圓。

整體而言，阿拉伯半島的情勢已經轉向對穆罕默德有利，但在麥地那的反對陣營仍然不罷手。在那裡，衝突已變得前所未有的猛烈，伊本─烏拜每天都暗諷著，若掌握領導權的是**他**，雅斯里卜必定風平浪靜，不會招致阿拉伯半島最強勢的城市的敵意。

穆罕默德的敵人甚少公開攻擊他，但採取有些卑劣的誹謗手段。穆罕默德力圖改善女性地位的爭議性嘗試有如天賜大禮，而他們也開始散播關於先知妻子們的惡毒淫穢的謠言。有些人大肆宣揚自己已經盯上他的妻子中較有魅力的幾位，打算在他死後娶她們為妻——這暗示了他們不只有暗殺他的打算。[2]人們竊竊私語，謠傳穆罕默德已經老得無法滿足妻子們，或他罹患了鼠蹊部疝氣。[3]關於阿伊夏和名叫薩夫萬・伊本—穆阿塔勒（**Safwan ibn al-Mu'attal**）的青年有染的惡意流言甚囂塵上。當眾人擠進穆罕默德家庭的住處向他提問或投訴，有些男人甚至就在他眼前汙辱他的妻子們。情況已逐漸失去控制。入夜天氣變得涼爽後，麥地那就會恢復生機，人們喜歡在此時到外頭四處走動、談天說地，但自圍城事件起，女性便開始在街上遭受攻擊。先知的妻子們一同外出時，偽君子會跟蹤她們，喊著下流的暗語，做出猥褻的姿勢。[4]他們若被指責，便會辯稱他們在黑暗中誤以為她們是女奴，在當時女奴被認為是可受如此騷擾的對象。

穆罕默德在近幾年的壓力下身心俱疲。一直以來，他在情感上依賴著他的妻子們，因此這些事件讓他備感脆弱。而他決定再娶一名妻子時，人們又開始蜚短流長。[5]宰娜卜・伊本—賈赫胥（**Zaynab bint Jahsh**）一直和穆罕默德十分親近；她不只是他的表妹，也是他的養子宰德的妻子。這起親事是穆罕默德遷徙到麥地那後不久親自安排的，但對這樁婚事宰娜卜的態度十分冷淡：宰德的外貌不太吸引人，她甚至可能在那時候就已經對穆罕默德有好感了。儘管阿拉伯半島的氣候和環境相當嚴酷，此時已近四十歲的宰娜卜依然非常美麗動人。她是一名虔誠的女性，也是技術純熟的皮革工匠，總是將她賣出工藝品的所得全數捐贈給窮人。穆罕默德似乎開始以新的眼光看待她，而且好像是在某天下午突然愛上了她。那天他在她家門前大聲呼喊，想和宰德談話，但宰德碰巧外出。宰娜卜因為沒有預期任何人來訪，衣著輕便地來應門，穿得比平時更為裸露，穆罕默德慌忙地撇開目光，喃喃說道：「讚美真主，祂改變了男人的心！」不久後，宰娜卜和宰德離婚了。這段婚姻自始至終都不快樂，宰德很高興能夠讓她解脫。

這個故事讓一些穆罕默德的西方評論者大感震驚，因為他們更習慣更禁慾苦修的基督教英雄，但穆斯林的文獻似乎不認為展現先知的男性情慾有何不妥。對於穆罕默德擁有多於四名妻子，他們也毫無不安：為什麼神不能給祂的先知一些特權呢？讓他的麥地那反對者反感的原因是宰娜卜曾是宰德的妻子：阿拉伯人認為領養是幾乎等同於血親的關係，因此對於亂倫十分憤慨。此時，一則啟示消除了穆罕默德的疑慮，向他保證這起婚事是阿拉所欲的，而且娶養子之妻並非罪惡。[6]當穆罕默德接收這則神聖訊息時，嫉妒成性的阿伊夏恰巧在他身旁。「多麼合你的意啊！」她酸溜溜地說，「你的主真快滿足你的請求！」一如往常，女眷間的緊繃關係反映出整體社群的分裂，因此穆罕默德和自己的表親成婚，將能推進先知家庭的政治目標，為先知家族的理想推波助瀾。

帷幕與頭巾

為了打擊謠言，穆罕默德堅持整個社群都必須參加婚禮慶祝。庭園擠滿了訪客，其中許多人都對先知懷抱敵意，氣氛不甚愉快。終於聚會人潮漸漸散去，但有一小群人喜氣洋洋地留在宰娜卜的新房裡，顯然沒有注意到是時候讓新郎和新娘獨處了。穆罕默德離開房間，和其他的妻子們坐在一起，希望這些遲鈍的賓客能接收到暗示。「還喜歡你的新伴侶嗎？」穆罕默德拜訪阿伊夏時，她酸溜溜地問道。最後他還是回到宰娜卜的小屋中，而他的朋友阿納斯．伊本─瑪立克（Anas ibn Malik）總算請走了那些狂歡的人們。當穆罕默德走進房內，他有些不耐地在他和阿納斯之間拉起了一層帷幕（*hijab*）*，開始誦唸出一則新啟示：

> 信道的人們啊！你們不要走進先知的家，除非他邀請你們；（受邀）赴宴時，

> 你們不要（提早）進去等飯熟，當請你們進去才（在恰當的時間）進去；既吃之後就當告退，不要留戀閒話，因為那會使先知感到為難，他不好意思辭退你們，但真主是不恥於（對你們）揭示真理的。
>
> 你們向先知的妻子們索取任何物品的時候，應當在帷幕外索取，那對於你們的心和她們的心是更清白的。[7]

啟示繼續規範穆罕默德的妻子在他死後不得再婚，並要求她們以特殊的穿法穿著「罩袍」（*jilbab*，可以用來指稱各式各樣的服飾），藉此讓她們能在街上被人們認出來，以避免騷擾。[8]

這段帷幕的經節已經變得極具爭議性。[9]在先知死後的第三個世代，這些經文被用來合理化遮蓋所有女性的行為，並把她們隔離在屋內的某處。然而，這段經文應該置於脈絡下檢視。它們出現在第三十三章，這個篇章也同時提到圍城事件，而必須比對當

* 譯註：「hijab」一字的阿拉伯文字根為「遮蓋」之意，用來指稱帷幕、垂簾等遮蔽物，現今多指穆斯林女性的頭巾。

時動盪的背景考量之。這些指令並非適用於所有穆斯林女性，而只針對穆罕默德的妻子。這些經文的出現是起因於穆罕默德的敵人們無所不用其極的威脅、激烈侵犯他的個人空間，以及他的妻子們幾乎日日蒙受的辱罵。麥地那在圍城之後的惡意氛圍，迫使穆罕默德改變他的私人安排。從今以後，家屋不再對外開放；穆斯林不再能自由地擠進他的妻子們的房間，而接近她們時必須隔著一層保護幕。「帷幕」（*hijab*）一字來自字根「HJB」，意為掩蔽。帷幕建立了一道門檻；它庇護了一個「禁忌」或「神聖」（*haram*）的事物，就像覆蓋卡巴聖壇的錦緞布料。在脆弱的時代裡，女性的身體往往象徵著瀕危的社群，而在今日，遮覆的頭巾（*hijab*）得到新的重要性，似乎保護了穆斯林社群遠離西方的威脅。

穆罕默德並不想要把他的私人生活從公共職責中切割出來。他繼續把妻子們帶上軍事征戰，雖然現在她們會留守在營帳裡。不過其他穆斯林社群的女性依然自由地在綠洲四處活動。帷幕並非用來區隔兩性。事實上，當啟示降下時，那層帷幕是置於兩名男性——穆罕默德和阿納斯——之間，來區隔新婚夫婦和不懷好意的社群。帷幕的引進是伍瑪爾的勝利，他一直力勸先知暫時隔離他的妻子們——對一個複雜的問題而言，這是個有些膚淺的解方。穆罕默德原先想要改變人們的態度，而施行外在的屏障是妥協之道，因為這個做法並未要求穆斯林控制內心來限制行動。可是他向伍瑪爾讓步了，因為這場危機正在撕裂麥地那。

項鍊事件

然而，情況並未改善。引進帷幕的數週後，穆罕默德的敵人精心安排了一次針對阿伊夏的惡意攻擊，使先知一蹶不振，而且差點成功分裂社群。[10] 阿伊夏是個容易下手的目標，所有人都知道她是穆罕默德最愛的妻子。她美麗、活潑、自豪於自己的顯著地位、善妒、坦率、有些自我中心，而且無疑已樹立許多敵人。此時，穆罕默德選擇了阿伊夏，陪伴他征戰對抗一支古萊須族的同盟部族，他們略帶威嚇意味地在比平常更靠近麥地那的地方紮營。根據穆罕默德的密探情報，古萊須族已說服他們襲擊綠洲。那是一場成功的劫掠：穆斯林在紅海海岸的穆萊西水井（Well of Muraysi）攔截他們，並設法奪取了兩百頭駱駝、五百隻綿羊和兩百名女人。首領的女兒茱維莉雅・賓特—哈里斯（Juwayriyah bint al-Harith）亦成為俘虜。阿伊夏一看見她心都涼了，因為茱維莉雅是如此貌美，而果真在劫掠後的協商中，穆罕默德向她的父親提親，以建立聯盟。

穆斯林在穆萊西紮營三天，儘管掠奪行動成果豐碩，但遷士與輔士間一觸即發的緊張狀況已經惡化為一次嚴重的事件。穆斯林正在為駱駝補水時，來自兩支不同部族的當地人——一為古萊須族的同盟，一為哈茲拉吉族的同盟——開始為一件芝麻小事爭執不休。不久後便演變成真正的鬥毆，而當地人邀請旁觀的穆斯林協助。遷士連忙援助古萊須族的同盟，而輔士則和敵方站在同一陣線。剎那間，穆斯林開始對戰穆斯林，徹底違反了《古蘭經》的教誨。伍瑪爾和其他一些穆罕默德的友伴聞訊後，便急忙前往阻止這場不妥的爭吵，但伊本—烏拜勃然大怒：伍瑪爾怎敢阻止哈茲拉吉族幫助自己的盟友！「他們膽敢欺壓我們！」他大吼，「以真主為誓，回到麥地那後，我們之中地位較高的強者將會驅逐地位較低的弱者。」一名旁觀者立刻跑去向穆罕默德報告這件事，先知聽聞這最新的威脅時臉色發白。伍瑪爾想要立即處死伊本—烏拜，但穆罕默德阻止了他：難道他樂見先知殺害自己友伴的消息四處流傳嗎？[11]不過，他下令穆斯林馬上撤離，即使這代表要在一天中最酷熱的時刻動身，依舊要踏上返家的征途——這是他前所未有的舉動。

在一次小歇時，阿伊夏溜開小解，而當她返回隊伍後，發現她的項鍊弄丟了。那是她的母親送她的結婚禮物，她實在不忍心放棄它，於是折返尋覓。她離開後，旁人把她的駝轎抬到駱駝背上，隊伍就這樣繼續前進了。因為駝轎以帷幕遮住了，沒人知道她不在裡面。阿伊夏發現空無一人的營地時，並沒有太過沮喪，因為她知道遲早會有人發現她落單了。她坐下來等候，果真她的老友薩夫萬．伊本─穆阿塔勒因為落後眾人，現身將她拉上他自己的駱駝。當阿伊夏和薩夫萬一同回到遠征隊伍裡，舊時關於他們不倫關係的謠言再度盛傳，而穆罕默德的敵人們幸災樂禍地妄自揣測。阿伊夏會愛上薩夫萬並不令人意外，伊本─烏拜大聲說道，因為他比她的丈夫還要年輕迷人好幾倍。這則醜聞震盪了麥地那，而且因為故事貌似有理，讓某些遷士開始信服，甚至連阿伊夏的父親阿布─巴克爾都開始懷疑其可能為真。

更嚴重的是，穆罕默德自己也開始懷疑起阿伊夏的清白──顯然他此時已經心力交瘁，自信心日益低落。一連數日，他似乎都迷惘不定。他是如此需要阿伊夏，以至於面對失去她的可能性，他變得徬徨失措。他不曾再接收任何來自神的訊息；自從他先知生涯的最初，這是第一次神聖之聲沉默不語。伊本─烏拜繼續利用此一態勢，而當奧斯族主張煽動謠言者應立即處死，伊本─烏拜的部族哈茲拉吉揚言力挺到底，舊有的部族仇恨就此引燃。情勢極為嚴峻，穆罕默德不得不召集麥地那所有的部族首領集會，請求他們的援助，他認為可能有必要對伊本─烏拜採取行動，因為他正危害他的家庭。終於，穆罕默德前去和阿伊夏對質，那時她暫住在父母家避風頭。她已啜泣了整整兩天，但當她的丈夫走進屋內，她的淚水竟神奇地止住，冷靜地面對他。穆罕默德力勸她誠實坦承她的罪行；若她悔悟，神將寬恕她。然而，這位自尊心極高的十四歲少女毫不退讓，答覆時堅定地看著她的丈夫。無論她做任何表示，似乎都沒有太大意義，她如此說道。她無法承認她沒做過的事，而如果她主張自己無罪，沒有人會相信她——甚至連她自己的父母都不願相信。她只能複述先知亞俄固卜的話：「在真主眼中，逆境時的忍耐是至善的；對你們所敘述的事，我將（只能）求助於真主。」[12]接著她陷入沉默，在她的床上躺下。穆罕默德對阿伊夏瞭若指掌，而她必定說服了他，因為她一停止說話，他便沉沉昏睡過去，這通常是啟示降下的前兆。他昏厥後，阿布—巴克爾將一只皮質靠墊放在他的頭下，他和妻子恭敬地等待著神的審判。「阿伊夏，好消息！」穆罕默德終於大叫出來：神已確認她的清白。阿伊夏的父母總算鬆懈下來，催促她下床來到丈夫身邊，但她堅決不從。「我不該接近他，也不該感謝他。」她回答，「我也不會感謝你們，因為你們輕信誹謗而並未否認之。我應起身，只向真主表達我的感激！」[13]穆罕默德理所當然深感愧疚，謙遜地接受她的指責，並前去向外頭聚集的群眾朗誦新的啟示。[14]就這樣，他避開了一場私人及政治悲劇，但質疑猶存。這起令人痛苦的事件顯現出穆罕默德多麼脆弱。難道，正如伊本─烏拜殘忍地暗示──他只是一株將熄的火苗？

前進麥加

不過，於六二八年三月，也就是麥加朝聖的月份，穆罕默德發出令人驚訝的宣告，它將無與倫比地證明他作為先知的天賦。[15]最初，他似乎沒有明確訂定的計畫，只有隱約有個直覺。他告訴穆斯林，他做了一個奇特神祕的夢：他看見自己站在麥加的聖域，頭髮為朝聖而剃除，身穿傳統的朝聖服裝，手拿前往卡巴聖壇的鑰匙，心中滿溢一種勝券在握的平靜自信。隔天早晨，他宣布他將試圖前往朝聖，並邀請他的友伴一同前往。穆斯林聽聞這項驚人的邀請時，所感受的恐懼、驚嘆和不確定的喜悅是可想而知的。穆罕默德表明這趟朝聖之旅並非軍事征戰。朝聖者禁止在朝聖時攜帶武器，他無意違反麥加聖地禁止打鬥的規定。伍瑪爾反駁這項提議。穆斯林將會像走向屠刀的羔羊！保有自禦能力非常重要！但穆罕默德堅定不移。「我不會攜帶武器，」他堅持，「我只為朝聖動身，別無所圖。」朝聖者將不穿盔甲，僅僅身著朝聖傳統的白袍。旅程初始，他們會帶著打獵小刀，來宰殺獵物，但一進入神聖儀式，就必須把小刀放到一旁。他們必須不帶武裝地走進敵人的領土。

沒有任何一個與穆罕默德聯盟的貝都因人願意冒此風險，但約有一千名遷士與輔士自願加入朝聖行列。甚至連伊本—烏拜和一些偽君子也決定前往；兩名於阿卡巴誓約立下時在場的女性輔士也被允許同行，而烏姆—薩拉瑪陪伴著穆罕默德。

穆斯林帶著幾頭駱駝出發，他們將要在朝聖高潮時奉獻這些牲畜。第一次暫歇時，穆罕默德以傳統的方式為其中一隻駱駝祝聖，在牠身上加上特殊記號，將儀式服飾掛在牠的脖子上，並讓牠轉向麥加方向。接著，他說出朝聖的呼喊：「真主啊，我在此聽候祢的指示！」這場英勇無畏的遠征消息迅速在部族間傳開，貝都因人在朝聖者南向遠行時熱情地跟隨他們的腳步。穆罕默德知道他已使古萊須族落入極度尷尬的處境。每個阿拉伯人都有權利進行朝聖，而古萊須族身為聖域的守護者，若是禁止一千名畢恭畢敬、嚴守法度的朝聖者進入聖地，將無法擺脫怠忽職守的罪名。但若是穆罕默德**真**進了城，對古萊須族來說也將是難以忍受的屈辱；而不久後，古萊須族的領導階層就決心不惜代價阻止穆罕默德。在一場緊急集會中，哈立德．伊本—瓦立德被分派了兩百名騎兵，前去攻擊毫無防衛的朝聖者們。

當穆罕默德聽到這個重大消息時，他為他的部族深感痛楚。古萊須族人已被你死我活的戰爭與仇恨蒙蔽了雙眼，竟準備違反他們傳統生活中最神聖、最不可動搖的根本原則。如此固執己見有何意義呢？「古萊須族啊！」他大喊，「征戰已吞噬了他們！讓我和其他阿拉伯人自主行事，何害之有？」這趟遠行將和他所想像的不太相同。因為那個夢，穆罕默德原先可能預期會被允許進入麥加，如此便有機會在朝聖創造的和平狀況下，向古萊須族人解釋伊斯蘭的原則。但現在他已經沒有退路了。「以真主為誓，」他下定決心，「在祂讓我成功完成祂賦予我的任務或我死去之前，我不會停止奮鬥。」[16]他的第一項工作是讓朝聖者平安進入聖地。穆斯林從友善的貝都因部族阿斯拉姆（Aslam）中找到一位嚮導，他帶領眾人走一條蜿蜒崎嶇的小路進入聖地的區域，那裡一切暴力都是被禁止的。穆罕默德一進入禁區，便提醒朝聖者，他們僅僅在進行一項宗教活動。他們必須控制自己，不能因為返鄉的興奮之情而忘形；不該顯露膚淺的歡欣；而且必須將他們的罪惡拋諸腦後。接著，他們必須前往鄰近的胡代比亞（Hudaybiyyah）水井，讓他們的駱駝揚起沙塵，好讓哈立德和他的人馬知道他們的確切位置。

他們抵達胡代比亞時，穆罕默德的駱駝嘎斯娃跪坐在地，拒絕前行。朝聖者們對牠大吼，試圖讓牠起身，但穆罕默德提醒他們，許多年前阿比西尼亞人入侵時，跪在卡巴聖壇前的那頭大象——那個神聖的「徵兆」成功說服敵軍停戰撤退。今天，類似的事情發生了。「阻止戰象進入麥加的真主正在阻擋嘎斯娃前行，」他解釋著，並再次提醒朝聖者，他們是懷抱著和解的精神而來：「無論古萊須族提出何種條件，只要是要我向族人們展現善意，我皆將同意。」[17]穆罕默德從未打算推翻古萊須族的權力，他只是想要改革社會體系，他深信若繼續頑固不化，將會導致麥加毀滅。古萊須族以為他們的朝聖之旅等同於宣戰，但就像嘎斯娃，穆罕默德已決心謙卑地跪倒在麥加的神聖之前。戰爭並未帶來任何持久的價值，而雙方都已犯下暴行。這將是一次和平的進擊，而非侵略。

可是，幾乎沒有穆斯林認真看待穆罕默德的敦促。他們被興奮沖昏了頭，滿心期待將有驚人之事發生。也許會有奇蹟！也許他們能夠成功進入麥加，並把古萊須族趕出那座城市！反之，穆罕默德冷靜地指示他們替駱駝補水，並在駱駝身旁坐下。接下來的舉動就是我們慣稱的「靜坐」。穆罕默德平靜地等待進城的允許，呼籲同伴不可造次，藉此在古萊須族準備好在他手無寸鐵前往聖地的路上殺害他的同時，表示他比古萊須族更加遵從阿拉伯傳統。

而確實，貝都因人明白他的暗示。呼札阿部族的首領正到訪麥加，便騎馬到胡代比亞，查看發生了什麼事。他聽到朝聖者們被阻止進入聖地後相當震驚，於是回到城裡憤怒地向古萊須族抗議。麥加一直是個包容的城市，歡迎所有阿拉伯人造訪聖域，而這樣的多元性正是其商業成功的根源。他們究竟以為自己在做什麼？他們沒有權利禁止一個和平來訪的男性，他控訴著。可是古萊須族的掌權者當面嘲笑他。他們已經預備好要站在穆罕默德和卡巴聖壇之間，對抗他直到最後一名士兵倒下。「他也許並非為了戰爭而來，」他們大喊，「但以阿拉為誓，他絕不該違反我們的意願進城，也絕不該讓阿拉伯人聲稱我們允許他入城。」[18]

目前，蘇亥勒和伊斯蘭一些早期的反對者之子領導了麥加抵抗穆罕默德的攻勢；穆罕默德曾希望吸引蘇亥勒這位虔誠的異教徒歸信伊斯蘭，而反對者的兒子們則包括以克里瑪（'Ikrimah），他和父親阿布—賈赫勒一樣，毫不留情地拒絕任何妥協，另外還有父親亡於巴德爾之役的薩夫萬·伊本—伍麥亞（Safwan ibn Umayyah）。有趣的是，阿布—蘇斐揚似乎沒有參與籌畫胡代比亞進攻。他看得比別人更透徹，可能已經發現穆罕默德已經讓古萊須族進退兩難，以蒙昧時期的傳統伎倆來對付他已經沒效了。

三位使者

麥加人試圖殺害朝聖者，但穆罕默德成功逃過一劫；他們的下個計謀是邀請伊本—

烏拜到卡巴聖壇進行儀式，藉此引發穆斯林間的分裂。不過，伊本—烏拜的反應讓眾人大吃一驚，他竟表示他不可能在先知之前繞行聖壇。未來他會再次和穆罕默德交鋒，但在胡代比亞，他是個忠誠的穆斯林。薩夫萬和蘇亥勒說服了以克里瑪接受協商，並派遣一位他們的貝都因盟友胡雷斯（Hulays）作為代表，他是哈里斯族（al-Harith）的首領，十分虔誠。穆罕默德一看到他前來，便派出那幾隻獻祭用的駱駝來迎接他，當胡雷斯看見牠們朝他快跑而來，戴著裝飾的美麗花環，他深深為之動容，甚至不費神質問穆罕默德，便立刻折返回城。他們都是真心誠意的朝聖者，他如此回報，必須立即准許他們進入聖域。薩夫萬雷霆大發。胡雷斯——這個傲慢的貝都因人——竟膽敢命令他們！這是個嚴重的錯誤。胡雷斯起身，凜然曉以大義：

你們這些古萊須人啊，我們並非為此與你們結盟。一名前來向阿拉的住所致敬的男子竟被排拒在外？以掌握我性命的阿拉起誓，若你不讓穆罕默德完成造訪此處的目的，我將帶走我的軍隊，不留下一兵一卒。[19]

薩夫萬急忙道歉，並要胡雷斯耐心等待他們找到一個所有人都能滿意的解方。

他們的下一個使節是塔伊夫的伍爾瓦・伊本─瑪斯伍德（'Urwah ibn Mas'ud），他是麥加的重要盟友。伍爾瓦馬上看出穆罕默德的弱點。「穆罕默德啊，你召集了這一群雜牌軍，要來擊敗你父母之邦的尊嚴啊。」伍爾瓦邊說邊輕蔑地指向朝聖者們。「以阿拉之名，我敢說這些人沒多久就會拋下你作鳥獸散！」[20]穆罕默德深知，儘管他們表面上展現出力量和團結，可靠的盟友其實寥寥可數。貝都因同盟拒絕陪伴他前來朝聖，對伊斯蘭的投入也相當淺薄；他在麥地那的地位仍危如累卵；他也知道某些他最親近的友伴無法理解他接下來的打算。靠著這群混雜的烏合之眾，他怎能真正對抗古萊須族──這個他出身的部族？另一方面，伍爾瓦告訴他，古萊須族卻堅定地團結一致，不僅男人全副武裝，甚至連女人和小孩都誓言阻止他進入麥加。然而，看到穆斯林在這次危機中對先知的愛戴，伍爾瓦仍不由自主地受到感動。他告訴古萊須族人──至少到目前為止──穆罕默德勝券在握，而他們必須與他共議某種協定。

穆罕默德決定派一名他自己的使節進入麥加。一開始，他指派一位輔士，以為如此比較不挑釁，但古萊須族切斷了他駱駝的腿後肌，而要不是胡雷斯的族人介入，他可能已命喪他們手下。接著穆罕默德找伍瑪爾商量，但他在城裡的氏族成員都不夠強勢、無法保護他，於是便決定由人脈通達的伍斯曼・伊本─亞夫凡接下這份任務。古萊須族人聽他把話說完，卻沒有被他闡釋的伊斯蘭說服，不過他們允許他進行朝聖。伍斯曼想當然耳拒絕了這項提議，所以古萊須族人決定扣押他為人質，但傳訊告訴穆斯林他已遭殺害。

這是個悽慘的時刻。這趟遠征似乎已經一敗塗地。面臨這樣的絕境，穆罕默德再度陷入昏迷，但這次卻沒有來自阿拉的訊息，他得自己找出解決方法。一如往常，他必須聆聽這些紛紛擾擾背後的暗流，以洞察事情的真貌。最終，他要求朝聖者們宣誓效忠。他們一個接著一個，握著他的手並宣讀「善意誓約」（Oath of Good Pleasure）。關於這起事件，所有的文獻都有不同的詮釋，但瓦基迪的敘述可能是最具說服力者。他說穆斯林發誓將毫無保留地服從穆罕默德，並在這場危機中追隨「他心靈所欲」。[21] 穆罕默德一直都無法要求穆斯林絕對順從，但眾人震驚於伍斯曼遭謀殺的消息，甚至連伊本—烏拜和偽君子們都已準備好立誓忠誠。即便穆罕默德知道許多人將無法容忍，他基於強烈的直覺，仍決心這麼做，而他想要事先確認眾人的忠誠。所有人都宣誓之後，情況開始好轉。起初，他們接獲伍斯曼其實並未身亡的好消息；接著，穆罕默德看見他一直相當尊敬的蘇亥勒正在接近他們的營帳，於是明白了現在古萊須族已經認真準備要與他協商。

和談與叛變

單單這件事本身就已是重要成就。穆罕默德終於迫使古萊須族認真看待他，和平的解方也不再只是妄想。穆罕默德與蘇亥勒促膝長談，但他們協商後的條款卻讓他的許多友伴沮喪不已。首先，他承諾不造訪聖域、返回麥地那，不過蘇亥勒允諾穆斯林可以在隔年歸返，在城市的規範下進行傳統的朝聖儀式。麥加和麥地那將停戰十年；穆罕默德承諾將那些歸信伊斯蘭、未經監護人許可便遷徙到麥地那的古萊須族人送回麥加，但同意古萊須族不須遣返任何一位叛逃到麥加的穆斯林。貝都因部族都不再受先前的盟約義務拘束，並能夠重新選擇和麥地那或麥加結盟。

《古蘭經》早已規定，為了和平，穆斯林必須同意敵方所提出的任何條件，即使對他們不利。[22]可是許多朝聖者都認為這些條款十分可恥。停戰意謂著穆斯林不再能夠掠奪麥加的商隊；為什麼穆罕默德要在經濟封鎖開始見效時中止它？為什麼他答應將新的歸信者送返麥加，而古萊須族卻不須給予回報？近五年來，許多穆斯林為他們的宗教奉獻性命；其他人則賭上了一切，不惜放棄家人與朋友。可是現在，穆罕默德處之泰然地將優勢拱手交回給古萊須族，而朝聖者們竟然必須低聲下氣地同意返家，放棄爭取朝聖的機會。這份和約激發了每個人的蒙昧私心。「使者的友伴因為他所看見的夢境，啟程時對占領麥加信心滿滿。」伊本—易斯哈格解釋，「當他們發現和平與撤退的協商正在成形，以及使者私自接受的種種條件，他們幾近絕望心死。」[23]

叛亂正蠢蠢欲動。在這趟冒死遠征中維繫朝聖者的脆弱團結已被粉碎，穆斯林社群中既存的深深裂痕終於爆發。伍瑪爾躍身而起，邁步走向阿布—巴克爾。「難道我們不是穆斯林，而他們才是多神教徒嗎？」他質問，「為什麼我們必須接受羞辱我們宗教的行徑？」[24]阿布—巴克爾也十分苦惱，但仍試圖答道，無論如何，他依然相信先知。後來伍瑪爾表示，若他能找到一百名願意跟隨他的同伴，他便將叛離。事到如今，他無法再認同穆罕默德的願景。[25]正如同許多來自麥地那的穆斯林，以及出身自較邊緣弱勢的古萊須氏族的遷士，伍瑪爾渴望的不只是改革麥加的社會秩序，更欲推翻之，並以純粹依循《古蘭經》的政權取代之。伍瑪爾英勇無私，剛正不阿地忠於正義與公平的理想，而公義正是麥加政體所缺乏的。可是他並非寬厚之人，仍受蒙昧的強烈衝動所左右。他沒有領悟到溫和、非暴力的價值同樣也是伊斯蘭理念的核心。他是一名戰士，就像蒙昧時期的人們，經常不經思索便伸手拔劍。[26]面對穆罕默德在胡代比亞突如其來的轉變，他既困惑又迷惘。

在壕溝之戰打敗古萊須族後，顯而易見的計畫會是乘勝追擊，單方面擊潰他們。但這從來不是穆罕默德的目的。麥加沒落將會是阿拉伯半島難以想像的大災難，因為阿拉伯半島是個發展遲緩的地區，極度需要古萊須族的商業天賦，而若戰爭持續點燃雙方的毀滅性憤怒及仇恨，古萊須族將永遠無法看見伊斯蘭的真義。藉由放棄經濟封鎖，穆罕默德希望能夠爭取他們的認同。他看得比任何身在胡代比亞的人都要遠。這絕不是懦弱認輸，他非常清楚自己在做什麼。他在為阿拉伯人策劃史無前例的政治與宗教解方，這意謂著他不能順從眾人的意願，因為那只會將他束縛在愈陷愈深的現狀裡。

當穆罕默德看著朝聖者悲憤的表情，他必須告訴他們非得接受和約不可，因為這是阿拉所指示的。這群一般大眾並不服氣，他們原先期待將出現某種奇蹟，而偽君子也大失所望，因為他們純粹為了世俗利益才加入穆斯林社群。當穆斯林聽見和約的措辭，氣氛變得更加緊繃。穆罕默德要求阿里寫下他的口述，而當他始於穆斯林的慣用語——「以至慈至仁真主之名」——蘇亥勒便提出反對。古萊須族一直認為這些關於阿拉的讚美有些站不住腳，所以他堅持穆罕默德以更常見的語句為始：「阿拉，以汝之名。」而穆罕默德竟不疑有他地同意，讓穆斯林大驚失色。更糟糕的還在後頭。穆罕默德繼續說：「這是穆罕默德——真主的使者——與蘇亥勒．伊本—阿姆爾所達成的協議。」蘇亥勒再次打斷他。他頗為合理地爭辯，如果他相信穆罕默德是神的先知，那麼這些年來他就不會持續對抗他。他要求穆罕默德按照一般的方式，純粹採用他自己和他父親的名字。阿里已經寫下「真主的使者」，並告訴穆罕默德，他實在無法容許自己把這幾個字抹去，於是先知伸手拿起筆來，要阿里在羊皮紙上指出那些字，並親自劃掉它們。他接續說：「這是穆罕默德・伊本─阿布杜拉與蘇亥勒・伊本─阿姆爾所達成的協議。」27

在這極為難熬的緊要關頭，正當和約要被簽署時，蘇亥勒的兒子阿布─詹達勒（Abu Jandal）闖入現場。他已歸信伊斯蘭，但蘇亥勒將他鎖在家族的房屋內，以防他遷徙至麥地那。不過，此刻他設法逃出屋子，得意洋洋地加入胡代比亞的穆斯林，後頭還拖著腳鐐。蘇亥勒一拳揮上他兒子的臉，抓住他的鎖鍊，並轉向穆罕默德。他會信守承諾，將這位叛教者歸還給他的法定監護人嗎？穆罕默德並未動搖，即使阿布─詹達勒在被蘇亥勒拖回麥加時悲愴地狂吼：「穆斯林啊，你們要讓我回到多神教徒那裡，任憑他們引誘我遠離我的宗教嗎？」伊本─易斯哈格做出典型的保守陳述：「這讓眾人更加灰心氣餒。」28

這是觸怒伍瑪爾的最後一根稻草。再一次，他暴跳如雷，對著這位他如此忠心跟隨十二年的男性大吼。難道他不是神的使者嗎？難道穆斯林不是正確的，而他們的敵人才是謬誤的嗎？穆罕默德不是曾經保證過，他們將再度在卡巴聖壇禮拜？這些全都沒錯，穆罕默德回答，但他反問他曾承諾他們今年就能回到聖域嗎？伍瑪爾頑強地不發一語，於是穆罕默德繼續堅定地說道：「我**確是**真主的使者。我不會違反祂的命令，祂也不會看著我失敗。」[29]雖然伍瑪爾憤恨糾結，他仍平靜下來，不情願地附議那份和約。可是朝聖者們依然群情激憤，有一度似乎就要群起叛亂。穆罕默德宣告，即便他們無法到達卡巴聖壇，他們也會在胡代比亞就地完成朝聖：穆斯林必須剃髮、宰殺奉獻駱駝，就像他們會在麥加中心做的一樣。現場鴉雀無聲，朝聖者怨憤地盯著穆罕默德，心照不宣地拒絕服從。無計可施的先知回到他的帳篷內。他究竟該怎麼做呢？他如此詢問烏姆—薩拉瑪。她縝密地對情勢做出判斷。穆罕默德應該走出帳篷，不再多說一字一句，宰殺那隻他為阿拉祝聖的駱駝。這是完全正確的決定。那引人注目的放血場面打破了現場緊張的氣氛，頃刻間，所有人都急欲奉獻他們的駱駝，並互相為彼此剃頭，現場陷入騷動，烏姆—薩拉瑪事後表示，她原先以為他們的虔信狂熱會讓他們受傷致命。

胡代比亞的勝利

朝聖者們回復較輕鬆的心情啟程返家，但仍有些憤怒，先知也顯得心神不屬。伍瑪爾擔心他的反抗會對他們的友誼造成無可挽回的傷害，當他被招去和穆罕默德待在隊伍前端，不禁心頭一沉。不過他大大鬆了一口氣，因為他看見先知容光煥發，彷彿卸下肩頭的重擔。「新篇章已降下予我，它現在是我世上最珍愛的事物。」他告訴伍瑪爾。[30]這就是〈勝利章〉（*Al-Fatah*）。它明確闡述了胡代比亞事件更深層的意義，且始於一段一掃陰霾的保證，肯定穆罕默德並未遭受外交挫敗，而是神給予他「一場毋庸置疑的勝利」。祂降下了「祥和」（*sakinah*），這是一種和平寧靜的精神，並將之注入穆斯林的心中；當他們答應陪伴穆罕默德走上這條險惡的征途，便已做出了勇敢的信念行動——展現出超越貝都因人的承諾。當他們宣讀「善意誓約」，便再次展露出他們的信念與信任。最後，穆罕默德和麥加協議的和約則是一項「跡象」（*ayah*），揭示神的存在。

胡代比亞的勝利證明了穆斯林比古萊須族更具備道德優越性。古萊須族始終受縛於過度的傲慢和蒙昧時期的執拗性格，總是頑固排拒任何可能傷害他們狹隘的榮譽或傳統的事物。他們甚至寧願屠殺無辜、手無寸鐵的朝聖者，也不願接受允許他們進入聖域的「屈辱」。

> 當不信道者心懷狂傲，那種蒙昧時代的狂傲，真主曾降下祂的祥和精神

（sakinah）給祂的使者和信士們，使他們堅守克制忍耐的話，因為他們至宜於之，亦至適於之。[31]

穆斯林不該是暴虎馮河之徒。他們應帶有寬厚的精神，寬大為懷使他們與猶太教徒和基督教徒——有經書的子民——相連。阿拉真正的追隨者，不應像古萊須族在胡代比亞訴諸武力，而應在神之前謙卑地跪倒禮拜：

你看他們鞠躬叩首，索求真主的恩惠和喜悅。他們的記號就在他們的臉上，那是叩首的痕跡。那是他們和《妥拉》的相似之處，也是他們和福音書的相近之處。

逞兇鬥狠、自以為是並不會讓穆斯林社群成長，慈悲、謙恭和寧靜的精神才能滋養之，「如同一棵種子，萌發枝枒，助之茁壯，而那枝枒漸漸結實，終於在植莖上挺立，使農人喜悅。」[32]戰爭已然結束；如今是神聖和平的時刻。

事實上，前途仍然未卜，但文獻皆認同胡代比亞是個轉捩點。伊本—易斯哈格相信：「這是至今最偉大的勝利。」「*Fatah*」（勝利）的字根「FTH」意為「開端」。起初，停戰似乎使前景黯淡，但它為伊斯蘭開啟了嶄新的門扉。因為連綿不絕的征戰、與日俱增的仇恨，至今無人能夠坐下來、以理性的方式討論這個新宗教。可是現在「當戰爭休止，人們能夠安全會面、共同商討，不再有人只是機智地空談伊斯蘭，而不歸信它。」的確，六二八至六三〇年之間，「皈依伊斯蘭的人數為在此之前的兩倍或多於兩倍」。[33]簡短、抒情的〈援助章〉（*An-Nasr*）可能是在這個時期完成的：

當真主的援助
和肇端（*fatah*）既至
而你看見眾人成群結隊地崇奉真主的宗教時
你應當讚頌你的主
並求祂饒恕
祂確是至宥的[34]

不須驕矜自滿，也不須高呼復仇。在這新的時代，應當感激、寬恕，並承認穆斯林自己的過錯。

整體而言，胡代比亞事件似乎改善了伊斯蘭在半島的地位，但如同其他近期的進展，對穆罕默德在麥地那的處境幫助不大。許多朝聖者——不論是輔士或遷士——依舊心懷不滿。遷士們問道，若不再能掠奪麥加的商隊，他們該以什麼維生？穆罕默德明白他不能讓這樣的不滿惡化；無論如何，他必須找到能夠補償他們，又不破壞休戰協議的方法，於是胡代比亞事件後，他將穆斯林的注意力轉移至遠離麥加的北方。亥巴爾是流亡的納迪爾猶太部族新的落腳處，仍然構成威脅。那個聚落的領導們持續在北方部族間挑撥對穆罕默德的敵意，因此在他從胡代比亞歸返後不久，便帶著六百名士兵前去圍攻那座城市。古萊須族聽到這則消息時歡欣鼓舞，確信穆斯林將吞下敗仗。亥巴爾就像麥地那，被滿布火山岩的平原圍繞，並由七座巨大的堡壘防禦，總被認為堅不可摧。不過，亥巴爾內部衝突頻仍，正如同麥地那的狀況，代表著部族精神的衰微，而穆斯林能夠受益於此。每個亥巴爾的部族都是獨立自主的，他們發現彼此難以在圍城期間有效合作。更添麻煩的是，他們原先預期能夠提供援助的嘎塔芬部族並未現身，所以一個月後，猶太長者們便主動求和，並成為麥地那的附庸。為了締結協議，穆罕默德與他的老敵人納迪爾族首領胡葉的女兒成婚。薩菲婭（Safiyyah）是一名美麗的十七歲女子，十分樂意歸信伊斯蘭，而穆罕默德下達了嚴格的命令，禁止眾人惡意評論她在圍城中身亡的父親。他告訴薩菲婭，如果其他妻子奚落她的猶太血統，她應如此回覆：「我的父親是哈倫，而我的伯父是穆薩。」[35]這起婚事表達了他試圖宣揚的和解與寬恕態度；是時候放下過去的仇恨與血戰。

穆罕默德從亥巴爾返家後，享受了充滿喜悅的家族團聚。胡代比亞事件後，他傳訊息給仍居住在阿比西尼亞的流亡穆斯林，告訴他們阿拉伯半島的情況已改善，並邀請他們歸返；而他到家時，他的堂弟、阿布—塔里布的兒子賈俄法正在麥地那等他，他們十三年沒見了。此外，他也迎來另一位新妻。那年年初，他得知他的表弟伍拜達拉·伊本—賈赫胥在阿比西尼亞逝世，於是決定和他的妻子拉姆拉（Ramlah）結婚，她通常以其美名烏姆—哈碧芭（Umm Habibah）為人所知。他們的婚禮委託他人舉辦，並在阿比西尼亞君主（Negus）前成婚，而穆罕默德為她在清真寺前準備了一間新房。這同時也是一次高明的政治行動，因為烏姆—哈碧芭是阿布—蘇斐揚的女兒。

聖地朝拜

至當年年末，穆罕默德都忙於定期的掠奪行動，其中有些是因北方新的猶太盟友要求而發動的。接著來到六二九年三月，時值朝聖月，穆罕默德再度率領眾人前往卡巴聖壇朝聖的時候到了。這次共有兩千六百名朝聖者陪同他，而當他們抵達聖地時，古萊須族人已按照約定，撤離至城外。古萊須族的長者們從一座鄰近的山頂看著穆罕默德入城。穆斯林的傳統儀式呼喊高聲宣告他們的到來：「我在此，真主啊，我在此！」他們的聲音必定曾迴盪在山谷和城中空無一人的街道上，如同殘忍的揶揄。不過，這些長者也必定對穆斯林的井井有序印象深刻。沒有脫韁的狂喜或不得體的招搖，也不嘲諷古萊須族。浩浩蕩蕩的朝聖者們反而緩慢莊嚴地排成縱隊入城，穆罕默德在前頭帶領群眾，一如往常騎坐在嘎斯娃背上。當他抵達卡巴聖壇時，他翻下駱駝背，親吻黑石，又擁抱它，接著開始繞行聖殿，全體朝聖者都跟隨著他。這是一次奇特的返鄉。回到故土必定讓遷士們極為百感交集。但即便麥加已如同鬼城，他們仍無法隨心所欲行動。當時在胡代比亞已經決定，今年穆斯林只能進行小朝聖（*um'ah*），意即不能造訪阿拉法特山和米娜谷地。

古萊須族短暫離開城市的期間，必須目睹過去曾是奴隸的畢拉勒爬上卡巴聖壇的屋頂，召喚穆斯林來禮拜——這無疑讓他們驚駭萬分。一天三次，畢拉勒宏亮的嗓音會在山谷裡迴響；他高呼「真主至大」，催促所有聽到喚拜聲的人們前來禮拜，提醒他們阿拉比任何聖域裡的偶像都「更加偉大」，而聽者束手無策，無法避免這例行的羞辱。這對穆罕默德而言是巨大的勝利，許多古萊須族青年甚至更加深信舊有的宗教已走到盡頭。

穆罕默德待在城裡的最後一晚再次享受與家人團聚，他仍信奉舊信仰的叔父阿巴斯獲准進城，來探望他的姪子，並把他最近剛喪夫的妹妹梅慕娜（Maymunah）託付給他。穆罕默德接受了他的作媒，無疑是希望慫恿阿巴斯本人歸信伊斯蘭，並故意傳訊邀請古萊須族人出席他們的婚禮。這踩過了古萊須族的底線，於是蘇亥勒下山來通知穆罕默德三天的期限已至，他必須立刻離開。這明顯十分無禮的舉動讓哈茲拉吉族首領薩阿德・伊本—伍巴達（Sa’d ibn ‘Ubadah）大發雷霆，但穆罕默德很快地要他安靜下來：「薩阿德啊，別對來營帳裡拜訪我們的人口出惡言。」[36] 讓古萊須族驚訝的是，眾朝聖者們竟在當晚就秩序井然地離開麥加城。他們並未大聲抗議，也並未試圖奪回他們的老家。穆斯林和平撤離，顯現出他們預期將在短時間內歸來的信心。

這趟奇特朝聖的故事迅速流傳開來，而愈來愈多貝都因人來到麥地那，成為穆罕默德的盟友。意義更為重大的是，古萊須族的年輕世代出現穩定的伊斯蘭皈依潮。穆罕默德在胡代比亞承諾會將新的歸信者送回麥加，但他已找到一個漏洞，讓他能夠技術性地克服這項條件。首先，和約中並未提及歸還女性歸信者，於是在胡代比亞事件後不久，穆罕默德便接受伍斯曼同父異母的妹妹加入穆斯林社群，並讓她待在麥地那。不過，他的確送回了一名魯莽的青年阿布─巴希爾（Abu Basir），指派他和一名古萊須族的使節回到麥加。可是在旅途中，阿布─巴希爾殺死了那名護送人，穆罕默德再次把他送走時，他紮營在紅海海岸的貿易路線周邊，並有另外七十名不滿於現況的麥加青年加入他的行列。這些想要成為穆斯林的年輕人開始攔路搶劫，攻擊每一支進到他們勢力範圍內的麥加商隊，而古萊須族發現他們恢復了部分的經濟封鎖。最終他們不得不哀求穆罕默德讓這些年輕人進入麥地那，好讓他們遵守和約的規範。

於是，禁止接納歸信者的條款已形同失效，六二九年遷移至麥地那的新穆斯林數目穩固成長。其中包括年輕的戰士阿姆爾．伊本─阿斯和哈立德．伊本─瓦立德，穆罕默德的成功說服了他們。「路途已變得清晰，」哈立德說，「這個男人必定是先知。」[37] 哈立德害怕遭受報復，因為他和阿姆爾都曾在烏胡德及壕溝之役殺害許多穆斯林，但穆罕默德向他們保證，順服真主能夠一筆勾銷過去的恩怨情仇，等同於一個嶄新的開始。

在這取得政治勝利的一年，穆罕默德也迎來私人的喜事。沒有任何一位他在麥地那所娶的妻子為他產下一子一女，但埃及亞歷山卓（Alexandria）的總督贈送了一名貌美、卷髮的女奴給他。瑪爾嫣（Maryam）是一名基督教徒，且不願皈依伊斯蘭，但她仍成為穆罕默德的奴妻（*saraya*），也就是保有奴隸身分的妻子，但所生下的孩子將是自由人。穆罕默德變得非常喜疼愛，而在六二九年年底得知她懷孕時狂喜不已。他將他們的兒子命名為易卜拉欣（Ibrahim），非常喜歡抱著他在麥地那四處逛逛，邀請所有路過的人來讚美寶寶美麗的膚色和與他神似的五官。然而，悲傷隨喜悅而至。在穆罕默德結束小朝後不久，他的女兒宰娜卜逝世，當年稍晚還在敘利亞邊界的一場災難性遠征中失去了兩名家族成員。對於這場不幸的戰役，我們所知甚少。穆罕默德可能是想要讓那裡的基督教阿拉伯部族成為同盟、加入穆斯林社群，就如同對亥巴爾猶太部族的做法。無論如何，他指派了宰德和他的堂弟賈俄法率領三千名人馬前往北方。穆斯林在死海附近的穆塔（Mu'tah）村遭到一支拜占庭的分遣隊襲擊。宰德、賈俄法和另外十名穆斯林因此喪命，而同行遠征的哈立德決定帶隊歸返。

穆罕默德得知這則消息後，馬上前去賈俄法的家，想著自己讓親愛的堂弟返家，卻導致他因此戰死而懊惱不已。賈俄法的妻子阿絲瑪（Asma'）正在烤麵包，她一看見穆罕默德的神色，便明瞭噩耗將至。穆罕默德要求見見他們的兩個兒子；他跪在兩個小男孩身旁，邊啜泣邊緊緊擁抱他們。隨即，阿絲瑪以阿拉伯傳統的方式開始痛哭哀悼，女人們趕忙來關心她，而穆罕默德請她們務必在接下來的幾天內為她的家庭供食。當他穿越街道到清真寺時，宰德的小女兒從家中衝出來，撲到他懷裡。穆罕默德將她抱起，就這樣站在街上輕輕地搖著她，抽泣不止。

穆塔的戰敗使穆罕默德在麥地那的地位更加岌岌可危。哈立德率隊返鄉時，他和軍隊被報以不滿的噓聲，穆罕默德不得不將哈立德納入他個人的保護之下。不過，到了六二九年十一月，阿拉伯半島的情勢劇烈轉變：古萊須族打破了胡代比亞和約。他們的貝都因同盟巴克爾（Bakr）部族受到一些古萊須族人的援助與煽動，對加入穆罕默德聯盟的呼札阿部族發動突擊。呼札阿族立即向穆罕默德求援，而古萊須族這才意識到，他們給了穆罕默德攻擊麥加的完美理由。薩夫萬和以克里瑪依然堅持反抗，但蘇亥勒已經開始三心二意。然而，阿布—蘇斐揚更進一步，抵達麥加進行和平倡議。

至此，阿布—蘇斐揚仍不願歸信伊斯蘭，但他早已明白風向已轉為對穆罕默德有利，而古萊須族必須盡力從中得益。他在麥地那拜訪了他的女兒烏姆—哈碧芭，並和穆罕默德最親近的幾名友伴同坐商議，設法讓自己疏遠這場爭端。接著他回到麥加，試圖讓他的同族人做好心理準備，接受必然的發展。在他離去後，穆罕默德開始籌畫一場新的戰役。

光復麥加

齋戒月十日（六三〇年一月），穆罕默德率領至今最龐大的軍隊，啟程離開麥地那。幾乎所有穆斯林社群的男性都自願參戰，而他們的貝都因同盟也在途中加入穆斯林的勢力，使士兵總數來到一萬人。為了安全考量，遠征的目的地保持機密，但自然出現了許多引起熱議的遐想。麥加的可能性極高，但穆罕默德也同樣可能朝塔伊夫前進，因此那裡對伊斯蘭的敵意仍難以平息，於是南部部族哈瓦金（Hawazin）開始在那裡召集大批人馬。在麥加，古萊須族領袖擔憂最糟的情況即將發生。在夜色的掩護下，阿巴斯、阿布—蘇斐揚和呼札阿族首領布代勒（Budayl）一同造訪穆斯林的營地。穆罕默德在那裡接待他們，並詢問阿布—蘇斐揚是否已準備好接受伊斯蘭。阿布—蘇斐揚答道，即使他現在已經相信阿拉是唯一的神——眾神祇偶像顯然已無效——但他仍對穆罕默德的先知身分有所質疑。不過，當他在晨禮時看著這支浩大軍隊的所有人都朝著麥加方向跪拜，不禁震撼與動容；而當他看見不同的部族都正前往城市會合，便知曉古萊須族必須繳械屈服。

阿布—蘇斐揚趕回麥加，並用他最大的音量高聲招喚人們聚集：「古萊須人啊，穆罕默德已帶著你們無法抵抗的軍力前來！」他接著向他們提出一個選項，這是拜訪麥地那時阿里給他的建議。任何想要投降的人都應納入他個人的保護之下：穆罕默德已允許這個做法。他們應該到阿布—蘇斐揚家中尋求庇護，或是待在各自的家裡。他的妻子欣德怒不可遏，一把抓住他的鬍鬚，向市民大吼：「殺死這個腦滿腸肥的禿子吧！看看這個族人的保護者多麼腐敗！」但阿布—蘇斐揚哀求眾人不要聽信她。他描述著在穆斯林營地所見的情景。如此抵抗的時機已經過去。他斬釘截鐵的態度說動了大部分的古萊須族人。他們到最後一刻都不改務實本性，將自己封鎖在屋內，作為投降的象徵。

然而，仍有一些人想要戰鬥。以克里瑪、薩夫萬和蘇亥勒邀集了一小支軍隊，嘗試在哈立德的分隊接近城市時攻擊他們，但很快就被擊敗。薩夫萬和以克里瑪認為自己命懸一線，因此逃亡；蘇亥勒則丟下武器返回家中。剩下的穆斯林軍隊不費吹灰之力便進入麥加。穆罕默德在卡巴聖壇附近搭起他的紅色營帳，在那裡與兩名陪同他遠行的古萊須族妻子烏姆—薩拉瑪和梅慕娜會合，也與阿里和法蒂瑪相聚。他們安頓好後不久，阿里的姊姊烏姆—哈尼伐（Umm Hani'）前來替兩名參與戰鬥的親戚求饒。雖然阿里和法蒂瑪希望處死他們，穆罕默德仍立刻承諾他們將安全無虞。他對血腥報復不感興趣。沒有人應被迫接受伊斯蘭，也似乎沒有人為此承受壓力。和解依然是穆罕默德的最終目標。

他小睡一會後便起身，進行晨禮。接著，他騎上嘎斯娃，繞行卡巴聖壇七次，並高喊「阿拉至大」！軍隊接續那聲呼喊，不久這句話便響徹整座城市，標誌著伊斯蘭的最後勝利。接著，穆罕默德將目光轉向聖域裡的偶像；古萊須族人擠在他們的屋頂和陽台上，目睹他擊碎每一尊石像，並朗誦這段經文：「真理已經來臨，虛妄已經消逝；虛妄確是易滅的。」[38]在卡巴聖壇內，牆上都飾滿異教神祇的圖像，穆罕默德下令清除一切，雖然據說他留下了爾撒和瑪利亞的壁畫。

此時，有些古萊須族人已冒險走出家中，前往卡巴聖壇，等待穆罕默德離開聖壇。他站在阿拉的住所之前，懇求他們放下蒙昧時期的傲慢與自大，因為那只會帶來衝突與不義。「古萊須人啊，」他大喊，「看呀，真主已經以你們自傲的祖傳榮耀，抹除你們蒙昧的驕矜。人若不是意識到真主的信仰者，就是不幸的罪人。全人類都是阿丹的子嗣，而阿丹是由塵土造出的。」[39]最後，穆罕默德引用神向全人類傳達的話語：

眾人啊，我確已從一男或一女創造你們，並使你們成為許多民族和宗族，以便你們互相認識。在真主看來，你們中最尊貴者確是你們中最敬主者。真主確是全知的，確是盡知的。[40]

真正的慷慨之士不再是勇武好鬥的自大狂，而是心中充滿虔誠的敬畏。部族和民族的目標不再具有崇高的優越性；他們不應試圖支配、剝削、強迫改信、征服或摧毀其他民族，而應去瞭解他們。群體生活意謂著與他人共存，而不論宗族為何，其中必然有一些人的性格難以相投，這樣的經驗應該幫助部族族人或愛國者準備面對與異邦人的交逢，也應該使人們懂得欣賞全人類的和諧共處。穆罕默德已經設法重新定義阿拉伯半島對於高貴的看法，將之取代為一種更為普世、關愛、自謙的理念。

但古萊須族準備好了嗎？穆罕默德幾乎赦免了所有人，大約只有十人被列入黑名單；包括以克里瑪（但因某種原因沒有薩夫萬），以及那些散播反穆斯林思想或中傷先知家族的人。不過，其中有些惡徒求他饒恕，而他似乎也特赦了他們。在卡巴聖壇旁的演說結束後，穆罕默德撤退到薩法山，並邀請麥加人宣誓效忠。古萊須族人排成縱隊，一個接著一個走向穆罕默德，他的兩旁坐著伍瑪爾和阿布—巴克爾。有個來到他面前的女性是阿布—蘇斐揚的妻子欣德，她因為在烏胡德之役傷害漢姆札的屍體而名列黑名單。她不改執拗本色。「原諒我過去的行徑，」她毫無歉意地說道，「而神將原諒你！」穆罕默德詢問她是否願意立誓不通姦、偷竊或殺嬰。她是否承諾不會殺害她的孩子？欣德對此回應：「我在他們年幼時養育他們，但他們長大後，你卻在巴德爾之役殺害他們。」穆罕默德肅靜默認。[41]欣德決定皈依伊斯蘭，並告訴穆罕默德，既然她現在是公開宣示的穆斯林，他不再能夠與她針鋒相對。先知微笑著對她說，她當然已經自由了。不久後，欣德將會看見她的丈夫和兒子們獲得穆斯林社群中的重要職位，作為阿布—蘇斐揚合作的獎勵。

薩夫萬和以克里瑪的親戚們替他們求饒；穆罕默德允諾，若他們接受他的領導，就能夠自由進入麥加。兩人都決定返鄉，而以克里瑪先歸信了伊斯蘭。穆罕默德親暱地迎接他，並不准任何人誹謗他的父親阿布—賈赫勒。薩夫萬和蘇亥勒都向穆罕默德宣示忠誠，但尚未宣告成為穆斯林——不過幾天後他們就改變心意了。

穆罕默德確保在麥加城的地位後，尚必須對付哈瓦金和沙基夫部族，他們在鄰近的塔伊夫召集了一支兩千名士兵的軍隊。穆罕默德成功在六三〇年一月底的胡奈因（Hunayn）之役擊敗他們，於是哈瓦金族加入穆罕默德結盟。穆斯林無法拿下塔伊夫，但該城因為失去了首要的貝都因盟友而被徹底孤立，不得不在一年後投降。穆罕默德在胡奈因戰勝後分配戰利品時，把絕大多數都給了阿布—蘇斐揚、蘇亥勒和薩夫萬。薩夫萬深受感動，於是馬上表示順服。「我作證，除非先知的靈魂，沒有靈魂能夠如此良善。」他大喊，「我作證，萬物非主，唯有真主，而你是祂的使者。」[42]蘇亥勒也效仿他宣示。

這明顯的偏袒惹惱了一些輔士。這是否意謂著穆罕默德重新與他自己的部族團聚後，便將拋棄他們？穆罕默德立即以一段動人的演說消除他們的疑慮，讓許多人忍不住落淚。他永遠不會遺忘他還只是個流亡者時他們的慷慨給予，並承諾將視麥地那為家鄉，在那裡度過餘生——絕不定居在麥加。「難道你們不滿其他人取走牲畜牧群，而你們帶回神的使者嗎？」他詢問，「如果所有人都往某個方向走去，而輔士卻走往另一個方向，我將跟隨輔士。求真主憐憫輔士，憐憫他們的兒子和他們的子子孫孫。」[43]

這是一次奇妙的征服，若有中立的旁觀者可能會納悶穆斯林和古萊須族究竟為何交惡。[44]穆罕默德信守承諾，與遷士和輔士一同回到麥地那。他並未企圖親自統治麥加，或將古萊須族官員替換為他的友伴，也沒有建立一個純粹的伊斯蘭政權。所有過去的高官顯貴都仍維持在聖域的地位，集會與現況也原封不動。他最憎惡的敵人們不只被復職，更被升官，而且收到許多贈禮。穆罕默德從當地的一位要人手中接過卡巴聖壇的鑰匙後，想要將聖域最聲名遠播的工作——提供朝聖者飲水——重新分派給他，於是穆罕默德問道：「現在你無疑看見了鑰匙在我手中，而且知道我可以按我意願將它交給任何人？」那位要人認為這個職位必定會落入某位穆斯林手中，因而沉痛地大喊：「那麼，古萊須族的榮譽與威望將付諸流水！」穆罕默德立即回答，並將鑰匙交還給他：「正好相反，今天它將深根且輝煌！」[45]

穆罕默德的任務已幾近完成。他返家後，伊本—烏拜陣營的反抗仍在繼續。穆罕默德發起了更多有利可圖的北方征戰，試圖爭取敵人的支持，卻仍引來另一次的暗殺陰謀。六三一年十月，他注意到麥地那的一間清真寺已成為叛亂的中心，不得不摧毀之。隔天早上，他著手調查那些密謀造反者的行動，於是他們急忙道歉。多數人都提出了貌似合理的理由而獲赦免，不過仍有三人正式被排拒在穆斯林社群之外將近兩個月的時間。穆斯林的反對陣營似乎就此終結。這次投降後不久，伊本—烏拜辭世，而穆罕默德站在他老敵手的墓旁，以表尊敬。他總算成功在麥地那建立了一個安和樂利、團結一致的社會，而愈來愈多貝都因人準備好接受他政治上的至高地位，雖然並未投入他的宗教願景。遷徙後的短短十年內，穆罕默德已經永久改變了阿拉伯半島的政治與信仰面貌。

臨別講道

然而，他正明顯地衰老；到了六三二年年初，他日益意識到自己已接近生命的尾聲。仍在襁褓中的兒子易卜拉欣夭折後，他悲痛至極，並苦澀地哀泣，雖然他知道自己很快就將和他在天堂團聚。不過傳統的朝聖月份接近時，他仍宣布他將帶領眾人朝聖，並在二月底攜手他所有的妻子和大批朝聖者啟程，於三月初抵達麥加城外。他引領穆斯林完成那些阿拉伯人心中最珍視的儀式，賦予它們嶄新的意義。穆斯林不再與他們的部族神祇團聚，而是聚集在他們的祖先易卜拉欣和伊什瑪儀勒所建造的「住所」——卡巴聖壇。當他們在薩法和麥爾瓦間來回奔跑七次，穆罕默德叮囑朝聖者謹記伊什瑪儀勒的母親夏甲的痛苦，易卜拉欣在荒野拋下他們時，她曾發狂似地來回奔走，為她的嬰兒尋覓水源。神讓滲滲泉水從地底深處湧出，拯救了他們。接著，朝聖者在阿拉法特山的山坡上徹夜站立禮拜，讓他們想起自己與全人類的團結一體，因為據說神曾在這裡和人類的先祖阿丹立約。在米娜谷地，他們對著三根柱子投擲石塊，提醒他們在敬神生活中必須不斷與誘惑奮戰（*jihad*）。最後，他們宰殺一頭羊獻祭，紀念易卜拉欣在他將兒子奉獻給神之後犧牲的那頭羊。

今天納米拉清真寺（mosque of Namira）鄰近阿拉法特山的所在地，正是穆罕默德向穆斯林社群發表臨別講道之處。他囑咐他們要公正待人、善待女性，並且揚棄蒙昧精神所滋生的血仇與宿怨。穆斯林絕不該彼此交戰。「記住每位穆斯林都是另一位穆斯林的兄弟，穆斯林都是同道的夥伴。當兄弟樂意給予時，你才拿取，這是唯一正道，所以千萬別鑄成大錯。」穆罕默德總結，「真主啊，我不是曾如此說過嗎？」這最後的呼告語帶悲悵。穆罕默德深知，儘管他不斷告誡，並非所有穆斯林都能完整理解他的願景。他知曉這可能是最後一次站在他們面前，或許思索著他的一切努力是否徒勞無果。「眾人啊，」他突然高喊，「我是否已如實向你們傳達我的訊息？」聚集的群眾中傳來強而有力的低聲贊同：「真主啊，是的！」（*Allahumma na'm!*）穆罕默德苦苦懇求眾人保證，一而再、再而三地重複同樣的問題；而每次，「真主啊，是的！」的字句都在山谷中如雷聲般隆隆作響。穆罕默德舉起食指，指向天空說：「真主啊，見證吧！」[46]

穆罕默德回到麥地那後，頭痛發作令他全身無力，也時常昏厥，但他從未長久臥床。他經常用布包裹住發疼的太陽穴，便前去清真寺領拜，或向人們發表演說。有天早晨，他似乎為了紀念在烏胡德喪生的穆斯林，禱告了特別長的一段時間，並在最後補充：「真主已要求祂的一位僕人在今世以及與真主同在的世界中做出決擇，而他已選擇了後者。」阿布—巴克爾似乎是在場唯一一位明白這是在影射他即將辭世的人，而開始悲痛地啜泣。「阿布—巴克爾呀，別哭，別哭。」穆罕默德溫柔地說。[47]

最終，穆罕默德病倒在梅慕娜的房裡。他的妻子們深情地俯視著他，注意到他不斷問著：「明天我會在哪裡？明天我會在哪裡？」而明白他是想要知道何時才能與阿伊夏相聚。她們同意把他移至她的小屋，在那裡照料他。穆罕默德靜靜地把頭枕在阿伊夏的膝上，而人們似乎以為他只是暫時身體微恙。雖然阿布—巴克爾多次警告眾人，先知已不久於世，但穆斯林社群並不相信他的話。當穆罕默德病得太重，無法去清真寺，便會請阿布—巴克爾替他領拜，不過有時他仍會參加禮拜，安靜地坐在阿布—巴克爾身旁，但他已虛弱得無法自己朗誦禱詞。

拉比俄月（Rabi）十二日（六三二年六月八日），阿布—巴克爾察覺禮拜時人們有些分心，立刻明白一定是穆罕默德走進清真寺了。他氣色看來好多了。甚至有人說他們從未見過先知如此容光煥發，一陣喜悅與寬心感染眾人。阿布—巴克爾隨即準備要退下，但穆罕默德把手放在他的肩上，輕柔地將他推回群眾的前頭，並坐在他身邊，直到儀式結束。後來他回到阿伊夏的小屋，平靜地躺在她膝上。他看起來好轉許多，於是阿布—巴克爾告退去見他住在麥地那另一頭的妻子。午後，阿里和阿巴斯都順道拜訪他，並四處散播穆罕默德正在康復的好消息。夜晚來臨時，阿伊夏感覺他倚靠她的重量比以往都更為沉重，而他似乎失去了意識。儘管如此，她並沒有會意過來發生了什麼事。如她事後所述：「都是因為我無知又太過年輕，先知才會死在我的懷裡。」她聽見他喃喃自語：「不，天堂中最崇高的友伴」——天使吉卜利勒已經來接他了。[48] 阿伊夏往下一望，發現他已離開人世。她小心翼翼地把他的頭放在枕頭上，並開始拍打她的胸膛，摑自己耳光，以傳統的方式放聲哭泣。

當人們聽見女人們哀悼死者的聲音，紛紛臉色蒼白地趕去清真寺。噩耗迅速傳遍了整個綠洲，阿布—巴克爾連忙趕回城中。他看了穆罕默德一眼，親吻他的臉龐，與他道別。他發現伍瑪爾在清真寺裡對群眾說話。伍瑪爾斷然拒絕相信先知已經逝世；他辯稱，他的靈魂只是暫時離開身體，而他絕對會回到他的族人身旁。先知會是他們之中最後一位長眠的人。伍瑪爾難以自制地激動演說，顯然已經歇斯底里，於是阿布—巴克爾低聲說道：「伍瑪爾，冷靜點。」但伍瑪爾就是無法停止發言。阿布—巴克爾別無他法，只好沉默地站了出來；他的舉動必定吸引了眾人的目光，因為他們漸漸不再聽伍瑪爾的高談闊論，並簇擁著他。

阿布—巴克爾提醒他們，穆罕默德奉獻一生，只為宣揚神的獨一性。他們怎麼可能幻想他能夠長生不老？那將等同於主張他具有神性——是第二個神。穆罕默德不斷警告他們，不得像基督教徒崇敬爾撒那樣尊敬他，因為他只是個凡人，與任何其他人無異。因此，拒絕承認穆罕默德已逝就是拒否他的話語。可是，只要穆斯林虔信只有神才值得崇拜，穆罕默德就會活在他們心中。「眾人啊，若有任何人崇拜穆罕默德，穆罕默德便亡。」他在結尾堅定地說，「而若有任何人崇拜真主，真主便活，永生不死。」[49] 最後，他朗誦了在烏胡德之役後啟示給穆罕默德的經節，當時許多穆斯林因聽聞他喪生的謠言而震驚不已：「穆罕默德僅是一名使者；在他之前，許多使者已逝。如果他死去或陣亡，難道你們就要叛道嗎？叛道的人，絕不能傷損真主的一絲一毫；而真主將報酬感念之人。」[50] 這段經文深深打動了大家，彷彿這是他們第一次聽到它。伍瑪爾有如五雷轟頂。「以真主為誓，我聽見阿布—巴克爾朗誦那些字句時驚愕失聲，雙腿再也無法支撐而癱坐在地，我明瞭使者確已安息。」[51]

先知之後

穆罕默德死後仍像他生前一樣引發熱議。只有非常少數的追隨者能夠領會他先知生涯的完整意義。這些社群中的分歧已經在胡代比亞浮上檯面，當時似乎大部分的朝聖者都在期待奇蹟般的事情發生。人們歸信伊斯蘭的理由大相逕庭。許多人獻身社會正義的理想，但並未瞭解穆罕默德非暴力與和解的理念。那群跟隨阿布—巴希爾攔路強盜的反叛青年，和先知有著全然不同的行事綱領。六二八年並未自願加入朝聖行列的貝都因族人，是在政治上支持伊斯蘭，而非基於宗教因素。從最一開始，伊斯蘭就不是齊心齊德的整體。

內部分歧的情況其實稀鬆平常。在基督教的福音書中，爾撒的門徒經常被描繪成愚鈍之人，看不見他的任務的深層意義。典範人物經常遠遠超越他們所處的時代，因而無法被同代人理解；在他們死後，運動便開始四分五裂——例如釋迦牟尼逝後不久，佛教就分裂成小乘佛教與大乘佛教。伊斯蘭也是如此，先知生前便已存在的社群分歧，在他死後變得更為明顯。許多貝都因人從未真正領悟《古蘭經》的宗教訊息，相信伊斯蘭隨著穆罕默德而亡，於是隨意脫離穆斯林社群，就像他們會違背與逝世首領簽署的任何和約。先知辭世以後，改由他的哈里發（*kalifa*，意即「繼承者」）領導社群。前四位哈里發是由眾人推選出來的：阿布—巴克爾、伍瑪爾、伍斯曼和阿里，被稱為「正統」（rashidun, rightly guided）哈里發。他們在阿拉伯半島以外發動征戰，但此時的戰爭已不再具有宗教意義。這些正統哈里發就像任何一位政治家或將軍，是在回應政治機會——波斯及拜占庭帝國瓦解——而非履行《古蘭經》的命令。伍瑪爾、伍斯曼、阿里以及先知之孫胡笙遭到暗殺所引發的駭人內戰，在日後被賦予了宗教意義，但實際上這只是一個邊陲、弱小的政體急速劇烈膨脹為世界帝國時衍生出來的後果。

比起這樣的政治動亂，遠遠更加令人驚訝的是穆斯林的回應。當他們仔細反省這些災難性的事件，對《古蘭經》的理解也隨之成熟。幾乎每次伊斯蘭的重大宗教或文藝發展都是肇因於回歸先知原初願景的渴望。許多人因為後幾任哈里發鋪張的生活方式大感震驚，而試圖回復早期穆斯林社群的素樸願景。密契主義者、神學家、歷史學家和法學家都提出重要的問題。一個殺死虔誠領導者的社會怎能自稱是由神所引導的？穆斯林社群應該讓什麼樣的人來領導？統治者們若奢靡過活，卻姑息廣大多數人民的貧苦，還稱得上是真正的穆斯林嗎？

這些關於穆斯林社群政治領導權的激烈辯論在伊斯蘭中扮演的角色，十分類似於四、五世紀基督教關於基督論的（Christological）辯論。蘇非主義（Sufism）的苦修靈性正是根源於對此情勢的不滿。蘇非行者（Sufi）拒絕接受宮廷的奢華，試圖效仿先知簡樸過活；他們發展出以先知夜行登霄為原型的密契主義。自稱「阿里（穆罕默德血緣最接近的男性親戚）支持者」的什葉派（*Shi'ah*），相信穆斯林社群應由阿里的直系子嗣領導，因為只有他們繼承了先知的領袖魅力。什葉分子發展出一種反抗主流穆斯林社會之不義的虔信型態，試圖回歸《古蘭經》的平等精神。然而，這些和許多其他運動回溯穆罕默德這個典範人物時，他們全都將《古蘭經》願景帶往全新的方向，並且顯現出原初的啟示在面對任何時代性的大變局時，都具有能夠針對史無前例的情勢作出回應的彈性。自最初起，穆斯林便視先知為衡量標準，藉此挑戰他們的政治家，並檢測穆斯林社群在靈性上的健全程度。

現下的世界需要這樣的批判精神。有些穆斯林思想家把對抗麥加的聖戰視為穆罕默德生涯的高峰，卻沒有注意到他最終公開棄絕了戰爭，並採取非暴力的路線。西方的評論家也一直堅持伊斯蘭的先知是愛好征戰之人，卻未能看見他從最一開始就反對蒙昧的傲慢與自私，那不只助長了他的時代的衝突，在今日的某些領導人——無論是西方人或穆斯林——身上更是表露無遺。先知原初的目標是和平與憐憫，現在他卻逐漸成為分歧與衝突的象徵——這樣的發展不僅僅帶來悲劇，亦將危及人類未來所仰仗的安定。

我初次嘗試撰寫穆罕默德的傳記時，在結尾處引用了加拿大學者威爾弗雷德・坎特韋爾・史密斯（Wilfred Cantwell Smith）的真知灼見。他在二十世紀中葉蘇伊士運河危機不久前著述時，觀察到一個數百年來健全、和諧的伊斯蘭信仰幫助穆斯林培養出良善價值，而這些價值是在西方的我們所共享的，因為這兩者皆源於共同的傳統。有些穆斯林不滿於西方的現代性。他們背離了有經書的子民的文化，甚至開始將他們對這些姊妹信仰的新生仇恨伊斯蘭化，忘了它們都有《古蘭經》的強力背書。坎特韋爾・史密斯主張，若穆斯林要迎接今日的挑戰，就必須瞭解我們西方的傳統和體制，因為它們並不會憑空消失。他斷言，如果伊斯蘭社會不這麼做，他們將無法通過二十世紀的考驗。不過，他指出西方人也有個毛病：「無法認知到他們是與平等而非較低等的人們共享這個星球」。

除非西方文明在知識、社會、政治、經濟上，以及基督教在神學上能夠學會以基本的尊重對待他人，否則將會輪到他們無法因應二十世紀的現實。而當然，這其中所浮現的問題，和我們所提及的伊斯蘭的問題一樣重大。[52]

就二十一世紀的簡短歷史看來，雙方皆未能掌握這項習題。若我們意欲阻止災難發生，穆斯林和西方世界不只需要包容，更需要欣賞彼此。認識穆罕默德這號人物會是很好的開始：這位具備眾多面相的男性曾經抵抗輕率、意識形態驅使的族群劃分，有時會做出一些我們難以接受或無法認可的舉動，但卻擁有無比的智慧，同時建立了一套並非立基於刀劍的宗教文化傳統，而她的名字——「伊斯蘭」——表明了和平與和解的精神。

名詞解釋

專有名詞

‘abd：奴隸。

ahl al-beit：先知家族。穆罕默德的近親家族。

ahl al-kitab：有經書的子民。通常指猶太教徒和基督教徒。

Allahu akhbar：「阿拉至大」。用來提醒穆斯林神的超越性及優越性的語句。

al-Rahim：至仁。神的別名之一。

al-Rahman：至慈。神的別名之一。

Ansar：輔士。出身麥地那的穆斯林。

‘asibiyyah：部族團結。

ayah：（複數型為ayat）跡象、預言、象徵、《古蘭經》的經節。

badawah：游牧；因此亦指貝都因人。

banat Allah：阿拉的女兒。見「gharaniq」。

dahr：時機、命運。

dhikr：提醒、憶想。

din：宗教、生活方式、道德原則、報應。

fatah：字面意義為「開端」。勝利。

gharaniq：三位女神拉特、烏札和瑪納特。祂們是「阿拉的女兒」，被比擬為美麗的「鶴鳥」。

ghazu：資源劫掠，貝都因經濟的重要來源。「Ghazi」意為戰士、劫掠者、愛好戰爭之人。

hadarah：定居生活——相對於「badawah」（游牧）。

hadith：（複數型為ahadith）聖訓，被認為是來自先知的格言或言論。

hajj：到麥加的朝聖。「hajji」意為朝聖者。

hakam：仲裁者。穆罕默德在麥地那的政治角色。

hanif：哈尼夫。原指前伊斯蘭時期的一神教徒。在《古蘭經》中，這個字意指「哈尼夫信仰」(hanifiyyah，分裂成敵對派別前的純粹亞伯拉罕宗教）的追隨者。

haram：神聖；聖域——因此亦指「聖地」，特別指卡巴聖壇周邊禁止所有暴力行為的聖地。

hasab：祖傳榮耀；族人從先祖承繼而來的特定部族美德。

hijab：帷幕、面紗（頭巾）、珍貴或神聖之物的遮蔽物。

hijrah：遷徙，特指穆斯林遷徙至麥地那。

hilm：寬厚。一種傳統的阿拉伯美德，後在伊斯蘭中扮演重要角色：寬容、耐心、仁慈、祥和。

islam：順服、臣服，最終成為《古蘭經》宗教的名稱。

'isra：夜行，特別指穆罕默德夜行至耶路撒冷的旅程。

istighna'：高傲的自恃、激進的獨立及自力更生。

jahiliyyah：習慣上譯為「蒙昧時期」，用來指涉前伊斯蘭時期的阿拉伯半島，但在穆斯林文獻中，這個字的原始意義為暴力、暴躁易怒、自大和部族沙文主義。

jahim：一個意義難解的單字，通常譯為「烈火」。意指地獄。

jihad：掙扎、努力、奮戰。

jilbab：一種服飾、斗篷或罩袍。

jinni：（複數型為jinn）精靈。「看不見的生物」，通常指出沒在阿拉伯沙漠的精靈，會啟發詩人靈感，並引導人們偏離正道；亦指陌生人，至今「從未見過」的人。

Kabah：卡巴聖壇。字面意義為四方體。聖域中用來敬拜阿拉的花崗岩聖壇。

kafir：（複數型為kafirun）偽信者。習慣上譯為「不信者」。更正確的意義應為不知感恩且激烈拒否阿拉的人，拒絕承認自己對造物主的仰賴。

kalifa：穆罕默德的繼承者，亦即哈里發。

karim：慷慨之士；貝都因人的典範。

kufr：不知感恩；厚顏無禮。

kunya：美名，用來稱呼長子出生後的男子名；例如阿布—巴克爾，意指巴克爾的父親。

layla：夜晚；亦為女子名。

layla al-qadr：命定之夜，穆罕默德接收神的第一則啟示的夜晚。

masjid：禮拜處。跪拜的地方，後指清真寺。

mirbad：椰棗乾燥倉。曬乾椰棗的地方

mu'min：信仰者。忠實堅持穆斯林理想的人。

munafiq：（複數型為munafiqun）動搖者；偽君子；用來指稱追隨伊本—烏拜、未公開入教的穆斯林。

muruwah：部族精神。貝都因人的騎士精神，包括部族忠誠、勇氣、刻苦、慷慨以及對部族先祖的崇敬。

muslim：穆斯林。將自己的全身心臣服於神的人；做出順服（islam）舉動的人。

nadhir：警告者。把一則警告帶給其族人的使者。

nasr：輔助，包括軍事援助。

qiblah：禮拜方向。

Qur'an：《古蘭經》，意指「朗誦」。神啟示給穆罕默德的聖典。

rashidun：「正統」之人；前四位哈里發。

ruh：靈魂。在《古蘭經》中指的是啟示的聖靈。

sakinah：和平寧靜的精神。

salam：和平；穆斯林常用招呼語，意為「祝平安」。

salat：禮拜。穆斯林一天五次的敬拜儀式。

salihat：《古蘭經》規定的正義之舉。

saraya：奴妻。維持奴隸身分的妻子，但她的孩子是自由人。

sayyid：氏族或部族的首領。

shahadah：作證詞。穆斯林的信仰宣告：「我作證萬物非主，唯有真主；穆罕默德，是主使者。」

shari‘ah：原意為通往水泉的道路。游牧部族的生活準則。後指穆斯林律法。

shaytan：「魔鬼」。可能是人類或精靈的引誘者，引導人們走入迷途，激發膚淺、空洞的慾望。

shirk：以物配主。偶像崇拜，把其他生命和神連結在一起，認為其他神祇或純粹人類價值與阿拉地位同等。穆斯林的重罪。

sunnah：生活路線、方式。

suq：市集、交易集市。

surah：《古蘭經》的篇章。

taqarrush：累積、獲得。可能是「Quraysh」（古萊須族）的名稱來源。

taqwa'：警覺；感受、意識到神存在的態度。

tawaf：繞行卡巴聖壇七次的儀式。

tawhid：「認主獨一」，整合得當的人所感受到的神的獨一性。

tazakka：淨化、精煉。伊斯蘭信仰的早期名稱。

ummah：社群。

umrah：小朝聖。在麥加城進行的朝聖儀式，不包括在周邊城郊進行的儀式。

yawm ad-din：審判日；吐露真相的時刻。

zakat：課捐。字面意義為「淨化」。救濟品；給有需要的人的慈善捐贈。伊斯蘭的必要實踐之一。

zalim：外來者，因不隸屬於部族而受憎惡的人。

地名

'Abd Shams：阿布杜—夏姆斯。古萊須的阿布杜—夏姆斯氏族在麥加的居住區域。

'Aqabah：阿卡巴。麥加城外的隘谷，穆罕默德在此首次見到雅斯里卜的朝聖者。

'Arafat：阿拉法特山。麥加東邊十六英里的山；朝聖儀式中的某一站，朝聖者會在此徹夜站立禮拜。

Badr：巴德爾。紅海海岸附近的水泉地，穆斯林首次戰勝麥加軍隊之處。

Hijaz：漢志。北部阿拉伯草原的區域。

Hira'：希拉山。麥加城外的山，約於六一〇年穆罕默德在此接收到第一則啟示。

Hudaybiyyah：胡代比亞。麥加聖地邊界內的水井，六二八年穆罕默德在此與古萊須族簽訂和平條約。

Khaybar：亥巴爾。麥地那北方的猶太部族的農業聚落。

Marwah：麥爾瓦。卡巴聖壇東邊的山丘；朝聖時，朝聖者會在麥爾瓦和薩法兩座山丘之間來回奔跑七次。

Mecca：麥加。古萊須族統治的商業城市，穆罕默德的出生地。

Medina：麥地那。穆斯林賦予雅斯里卜聚落的名稱，先知之城。

Mina：米娜。麥加東邊約五英里的谷地；朝聖中的一站。

Mu'tah：穆塔。鄰近敘利亞邊界的鄉鎮，穆斯林軍隊曾在此經歷慘重的敗仗。

Muzdalifah：穆茲達里法。朝聖中的一站；米娜谷地和阿拉法特山之間的窪地，被認為是雷神的所在地。

Nakhlah：納赫拉。麥加東南方的綠洲，女神烏札的聖壇及聖地所在。

Qudayd：古代德。紅海海岸的城市，女神瑪納特的聖壇及聖地所在。

Safa：薩法。卡巴聖壇東邊的山丘；朝聖期間，朝聖者會在薩法和麥爾瓦之間奔跑。

Sana'a：沙那。阿拉伯半島南部的城市；現為葉門首都。

Ta'if：塔伊夫。麥加東南方的農業聚居地；女神拉特的聖地所在，也是沙基夫部族的居住地。塔伊夫是麥加多數糧食的供應來源，許多古萊須族人在那裡蓋有避暑小屋。

Uhud：烏胡德。麥地那北方的山；穆斯林軍隊曾在鄰近的平原上擊潰麥加人。

'Ukaz：烏卡茲。大型貿易集市的地點，也是每年舉辦詩歌競賽之處。

Yathrib：雅斯里卜。麥加北方約兩百五十英里的農業聚落，阿拉伯人與猶太部族居住於此。遷徙事件後被稱為麥地那——先知之城。

Zamzam：滲滲泉。麥加聖域內的神聖泉水。

人名／部族

'Abdullah ibn Ubayy：阿布杜拉・伊本—烏拜。麥地那哈茲拉吉氏族的首領，領導穆罕默德反對行動。

'Abdullah ibn 'Abd al-Muttalib：阿布杜拉・伊本—阿布杜—穆塔立卜。穆罕默德的父親，在他出生前便已逝。

Abdullah ibn Jahsh：阿布杜拉・伊本—賈赫胥。穆罕默德的表弟；先知之妻宰娜卜、哈尼夫伍拜達拉的哥哥。

'Abbas ibn 'Abd al-Muttalib：阿巴斯・伊本—阿布杜—穆塔立卜。穆罕默德的叔叔。

'Abd al-Muttalib：阿布杜—穆塔立卜。穆罕默德的祖父。

Abu l-'As ar-Rabi：阿布—阿斯・拉比。穆罕默德的女兒宰娜卜的丈夫，拒絕歸信伊斯蘭多年。

Abu Ja'rir at-Tabari：阿布—賈利爾・塔巴里。歷史學家、穆罕默德傳記作者。

Abu l-Hakam ibn Hisham：阿布—哈卡姆・伊本—希夏姆。見「Abu Jahl」。

Abu Bakr：阿布—巴克爾。深受穆罕默德信任的密友；最早歸信伊斯蘭的穆斯林之一；先知深愛的妻子阿伊夏的父親。

Abu Bara'：阿布—巴拉。貝都因阿米爾氏族的首領；穆罕默德在烏胡德之役後，娶了他的女兒宰娜卜・賓特—胡宰瑪。

Abu Jahl：阿布—賈赫勒。意為「無知之父」，穆斯林替阿布—哈卡姆取的綽號，穆罕默德最激進的早期反對者。

Abu Lahab ibn 'Abd al-Muttalib：阿布—拉哈布・伊本—阿布杜—穆塔立卜。阿布—塔里布同父異母的弟弟；穆罕默德的早期反對者。阿布—塔里布死後，他成為哈須彌氏族的首領。

Abu Sufyan ibn Harb：阿布—蘇斐揚・伊本—哈爾卜。古萊須的阿布杜—夏姆斯氏族首領；伊斯蘭的主要反對者。

Abu Talib ibn ‘Abd al-Muttalib：阿布—塔里布·伊本—阿布杜—穆塔立卜。穆罕默德的叔叔、監護人及保護者。

‘A’isha bint Abi Bakr：阿伊夏·賓特—阿比—巴克爾。阿布—巴克爾的女兒；穆罕默德深愛的年輕妻子。

Al-Muttalib：穆塔立卜。麥加氏族，和穆罕默德的哈須彌氏族血緣接近。

‘Ali ibn Abi Talib：阿里·伊本—阿比—塔里布。阿布—塔里布的兒子；穆罕默德和哈蒂嘉的養子。他娶了先知的女兒法蒂瑪為妻。

Aminah bint Wahb：阿米娜·賓特—瓦哈卜。穆罕默德的母親，他仍在襁褓中時便已逝世。

Amir：阿米爾。麥加氏族。

‘Asad：阿薩德。哈蒂嘉的麥加氏族。

Aslam：阿斯拉姆。貝都因部族。

‘Amr ibn al-‘As：阿姆爾·伊本—阿斯。麥加軍隊的主要戰士、伊斯蘭的反對者。

Anas ibn Malik：阿納斯・伊本—瑪立克。穆罕默德的友人；帷幕經節（Verses of the Hijab）下降時在場。

Aws：奧斯。麥地那的阿拉伯氏族。

Bani Qaylah：蓋拉族。意為「蓋拉的子嗣」。六世紀期間從阿拉伯半島南部遷移至雅斯里卜的阿拉伯部族，後分裂為奧斯族和哈茲拉吉族。

Bara' ibn Mar'ar：巴拉俄・伊本—瑪爾伍爾。哈茲拉吉族首領；戰爭誓約（六二二年）期間穆罕默德的保護人。

Bilal：畢拉勒。歸信伊斯蘭的阿比西尼亞奴隸；他成為第一位喚拜員（muezzin），叫喚穆斯林進行禮拜。

Budayl ibn Warqa：布代勒・伊本—瓦爾嘎。貝都因部族呼札阿的首領。

Fatimah bint Muhammad：法蒂瑪・賓特—穆罕默德。穆罕默德和哈蒂嘉最小的女兒；阿里的妻子。

Gabriel：吉卜利勒。神聖啟示的天使或聖靈。

Ghassan：嘎珊。拜占庭邊界的阿拉伯部族，皈依基督教並成為拜占庭帝國的盟友。

Ghatafan：嘎塔芬。貝都因部族，活動於麥地那東邊的沙漠地區，與伊本—烏拜和穆罕默德的反對者聯盟。

Hafsah bint ‘Umar：哈芙莎‧賓特—伍瑪爾。伍瑪爾‧伊本—哈塔卜的女兒；穆罕默德的妻子；阿伊夏的特別好友。

Hamzah ibn al-Muttalib：漢姆札‧伊本—穆塔立卜。穆罕默德的叔叔；力大無窮的戰士，後歸信伊斯蘭，並在烏胡德之役戰亡。

Hasan ibn ‘Ali：哈珊‧伊本—阿里。穆罕默德的孫子，阿里和法蒂瑪的長子。

Hashim：哈須彌。穆罕默德出身的麥加氏族。

Hind bint Abi Umayyah：欣德‧賓特—阿比—伍麥亞。見「Umm Salamah」。

Hind bint ‘Utbah：欣德‧賓特—伍特巴。阿布—蘇斐揚的妻子；穆罕默德的死敵。

Hubal：胡巴勒。可能是引自納巴提（Nabatean）地區的神祇，受敬於麥加；祂的石像立於卡巴聖壇旁。

Hulays ibn ‘Alaqamah：胡雷斯‧伊本—阿拉嘎瑪。貝都因部族哈里斯的首領。

Husayn ibn ‘Ali：胡笙‧伊本—阿里。阿里和法蒂瑪的次子。

Huyay ibn Akhtab：胡葉・伊本—阿赫塔卜。猶太部族納迪爾的首領。

Ibn Dughunnah：伊本—杜袞納。與古萊須族結盟的貝都因首領；後成為阿布—巴克爾的保護人。

Ibn Ishaq：伊本—易斯哈格。穆罕默德・伊本—易斯哈格；穆罕默德的首位傳記作者。

Ibn Sa‘d：伊本—薩阿德。穆罕默德・伊本—薩阿德；穆斯林歷史學家、先知傳記作者。

Ibn Ubayy：伊本—烏拜。見「‘Abdullah ibn Ubayy」。

‘Ikrimah：以克里瑪。阿布—賈赫勒的兒子；麥加反對穆罕默德陣營的領導人之一。

Ja’far ibn Abi Talib：賈俄法・伊本—阿比—塔里布。穆罕默德的堂弟。

Jumah：朱瑪。古萊須的麥加氏族。

Jurham：朱爾罕。貝都因部族。

Juwayriyyah bint al-Harith：茱維莉雅・賓特—哈里斯。貝都因首領的女兒；穆罕默德的妻子。

Khadijah bint al-Khuwaylid：哈蒂嘉・賓特—胡維立德。穆罕默德的第一位妻子。

Khalid ibn al-Walid：哈立德・伊本—瓦立德。麥加的傑出戰士；穆罕默德多年的反對者。

Khazraj：哈茲拉吉。麥地那的阿拉伯部族。

Khuza’ah：胡札阿。貝都因部族，在古萊須族遷居至麥加聖地前的統治者。

Kilab：奇拉布。與麥地那的猶太部族結盟的阿拉伯部族。

Makhzum：瑪赫祖姆。古萊須的麥加氏族。

Maryam：瑪爾嫣。埃及的基督教徒；穆罕默德的奴妻。

Maymunah bint al-Harith：梅慕娜・賓特—哈里斯。阿巴斯的妹妹，在六二九年的小朝聖期間嫁給穆罕默德。

Mus‘ab ibn ‘Umayr：穆斯阿卜・伊本—伍麥爾。在遷徙前被派遣去教導麥地那人的穆斯林。

Mu’tim ibn ‘Adi：穆俄提姆・伊本—亞迪。穆罕默德遷離麥加前最後一年的保護者。

Nadir：納迪爾。麥地那的強勢猶太部族，反對穆罕默德；試圖暗殺先知後被流放離開麥地那，避難於亥巴爾。「Nadiri」意為納迪爾族成員。

Qaswa’：嘎斯娃。穆罕默德最喜愛的駱駝。

Qaynuqa‘：蓋努嘎。掌控市集的麥地那猶太部族；他們曾因反叛穆罕默德而遭驅逐，離開麥地那。

Quraysh：古萊須。穆罕默德的部族，麥加的統治者。形容詞「Qurayshan」、「Qurayshi」意為古萊須族成員。

Qurayzah：古萊札。猶太部族，在壕溝之戰與麥加聯手；事後該族男性遭處死，女性及孩童被售為奴隸。

Qusay ibn Kilab：古賽伊．伊本—奇拉布。古萊須族的創族者。

Ruqayyah bint Muhammad：盧蓋雅．賓特—穆罕默德。哈蒂嘉和穆罕默德的女兒；嫁給伍斯曼．伊本—亞大凡。

Saʿd ibn Muʿadh：薩阿德．伊本—穆阿志。麥地那奧斯氏族的首領。

Saʿd ibn ʿUbadah：薩阿德．伊本—伍巴達。麥地那哈茲拉吉氏族的首領。

Safiyyah bint Huyay：薩菲婭．賓特—胡葉。穆罕默德的猶太妻子，在征服亥八爾後嫁給先知。

Safwan ibn al-Muʿattal：薩夫萬．伊本—穆阿塔勒。阿伊夏的友人；穆罕默德在麥地那的反對者曾散播兩人關係的誹謗謠言。

Safwan ibn Umayyah：薩夫萬·伊本—伍麥亞。麥加的穆罕默德反對陣營的主要成員。

Sawdah bint Zam'ah：邵妲·賓特—札姆阿。穆罕默德的妻子；蘇亥勒·伊本—阿姆爾的堂親和弟媳。

Suhayl ibn 'Amr：蘇亥勒·伊本—阿姆爾。麥加阿米爾氏族的首領；虔誠的異教徒；穆罕默德反對陣營的主要成員。

Thalabah：沙拉巴。雅斯里卜（麥地那）的二十支猶太部族之一。

Thaqif：沙基夫。定居在塔伊夫的阿拉伯部族，古萊須族的同盟；穆罕默德的反對者。

'Ubaydah ibn al-Harith：伍貝達·伊本—哈里斯。古萊須族的老練戰士，歸信伊斯蘭。

'Ubaydallah ibn Jahsh：伍拜達拉·伊本—賈赫胥。穆罕默德的表弟；皈依基督教的哈尼夫。

Umamah bint Abu l-'As：烏瑪瑪·賓特—阿布—阿斯。穆罕默德的孫女；宰娜卜·賓特—穆罕默德的女兒。

'Umar ibn al-Khattab：伍瑪爾·伊本—哈塔卜。阿布—賈赫勒的姪子；最初反對穆罕默德，但後成為他最親近的友伴之一。

Umayyah：伍麥亞。古萊須族的強勢麥加氏族。

Ummayah ibn Khalaf：伍瑪雅．伊本—哈拉夫。麥加氏族朱瑪的首領；穆罕默德的頑強反對者。

Umm Habibah：烏姆—哈碧芭。阿布—蘇斐揚的女兒；阿比西尼亞的流亡者之一，歸返後嫁給穆罕默德。

Umm Hani’ bint Abi Talib：烏姆—哈尼俄．賓特—阿比—塔里布。穆罕默德的堂親。

Umm Kulthum bint Muhammad：烏姆—庫勒蘇姆．賓特—穆罕默德。穆罕默德和哈蒂嘉的女兒；盧蓋雅死後嫁給伍斯曼．伊本—亞夫凡。

Umm Salamah bint Abi Umayyah：烏姆—薩拉瑪．賓特—阿比—伍麥亞。穆罕默德最成熟聰穎的妻子之一。

‘Urwah ibn Mas‘ud：伍爾瓦．伊本—瑪斯伍德。沙基夫部族的成員；古萊須族的盟友、穆罕默德的反對者。

‘Utbah ibn Rabi‘ah：伍特巴．伊本—拉比亞。麥加氏族阿布杜—夏姆斯的主要成員，在塔伊夫設有避暑小屋；穆罕默德的反對者。

'Uthman ibn 'Affan：伍斯曼・伊本—亞夫凡。最早期的歸信者之一，和麥加最強勢的幾支氏族擁有家族關係；後成為穆罕默德的女婿。

Waraqah Ibn Nawfal：瓦拉嘎・伊本—瑙法勒。哈蒂嘉的表親；皈依基督教的哈尼夫。

Zayd ibn al-Harith：宰德・伊本—哈里斯。穆罕默德和哈蒂嘉的養子；後與穆罕默德的表妹宰娜卜・伊本—賈赫胥結婚。

Zayd ibn 'Amr：宰德・伊本—阿姆爾。早期的哈尼夫之一，曾激烈批評傳統異教信仰而被驅逐出麥加；伍瑪爾・伊本—哈塔卜的叔叔。

Zaynab bint Jahsh：宰娜卜・伊本—賈赫胥。穆罕默德的表妹；先嫁給宰德・伊本—哈里斯，離婚後嫁給穆罕默德。

Zaynab bint Khuzaymah：宰娜卜・賓特—胡宰瑪。穆罕默德的妻子；貝都因阿米氏族爾首領的女兒；在嫁給先知之後八個月逝世。

Zaynab bint Muhammad：宰娜卜・賓特—穆罕默德。哈蒂嘉和穆罕默德的女兒；阿布—阿斯的妻子；虔誠異教徒，多年拒絕歸信伊斯蘭。

註釋

麥加

1. Tor Andrae, *Muhammad: The Man and His Faith*, trans. Theophil Menzel (London, 1936), 59.
2. 引文見R. A. Nicholson, A Literary History of the Arabs (Cambridge, 1953), 83。
3. Toshihiko Izutsu, *Ethico-Religious Concepts in the Qur'an* (Montreal and Kingston, ON, 2002), 46.
4. 同上，頁63。
5. Labid ibn 'Rabi'ah, *Mu'allaqah*, 5.81, in Izutsu, *Ethico-Religious Concepts*, 63; cf. Qur'an 2:170, 43:22–24.
6. Izutsu, *Ethico-Religious Concepts*, 72.
7. 同上，頁29。

8. Zuhayr ibn ‘Abi Salma, verses 38–39 in Izutsu, *Ethico-Religious Concepts*, 84.
9. Nicholson, *Literary History*, 93.
10. Mohammad A. Bamyeh, *The Social Origins of Islam: Mind, Economy, Discourse* (Minneapolis, 1999), 17–20.
11. 同上，頁30。
12. 同上，頁11至12。
13. 同上，頁38。
14. Qur’an 105.
15. Johannes Sloek, *Devotional Language*, trans. Henrick Mossin (Berlin and New York, 1996), 89–90.
16. Bamyeh, *Social Origins of Islam*, 32.
17. 同上，頁43。
18. Muhammad ibn Ishaq, *Sirat Rasul Allah*, 120, in A. Guillaume, trans., *The Life of Muhammad: A Translation of Ishaq’s Sirat Rasul Allah* (London, 1955); cf. Leila Ahmed, *Women and Gender in Islam* (New Haven and London, 1992), 42.

19. 同上，頁155，Guillaume translation。
20. Qur'an 103:2–3.
21. Qur'an 6:70, 7:51.
22. Wilhelm Schmidt, *The Origin of the Idea of God* (New York, 1912), *passim.*
23. Qur'an 10:22–24, 24:61, 63, 39:38, 43:87, 106:1–3.
24. Izutsu, *God and Man in the Koran, Semantics of the Koranic Weltanschauung* (Tokyo, 1964), 93–101, 124–129.
25. F. E. Peters, *The Hajj: The Muslim Pilgrimage to Mecca and the Holy Places* (Princeton, 1994), 24–27.
26. Ibn al-Kalbi, *The Book of Idols* in Peters, *Hajj*, 29.
27. Bamyeh, *Social Origins of Islam*, 22–24.
28. 同上，頁79至80; Reza Aslan, *No god but God,The Origins, Evolution, and Future of Islam* (New York and London, 2005), 9–13。
29. Genesis 16.
30. Flavius Josephus, *The Antiquities of the Jews*, 1.12.2.

31. Bamyeh, *Social Origins of Islam*, 25–27.
32. Psalm 135:5.
33. Bamyeh, *Social Origins of Islam*, 89–144; Aslan, *No god but God*, 13–15; Izutsu, *God and Man*, 107–18.
34. Ibn Ishaq, *Sirat Rasul Allah*, 143, in Guillaume, *Life of Muhammad*.
35. 同上，頁145，in Guillaume, *Life of Muhammad*。
36. Peters, *Hajj*, 39–40.
37. Izutsu, *God and Man*, 148.
38. Ibn Ishaq, *Sirat Rasul Allah*, 151, in Guillaume, *Life of Muhammad*, 105.
39. Qur'an 96 in Michael Sells, ed. and trans., *Approaching the Qur'an: The Early Revelations* (Ashland,OR, 1999). 穆罕默德・阿薩德（Muhammad Asad）將六到八節翻譯為：「確實，當人自以為自足無求，便變得非常自傲過分：因此，看哪，萬物必歸養主。」
40. Qur'an 53:5–9, Sells translation.
41. Ibn Ishaq, *Sirat Rasul Allah*, 153, in Guillaume, *Life of Muhammad*.
42. 同上。

43. 同上，頁154。

44. Qur'an 21:91, 19:16–27. Sells, *Approaching the Qur'an*, 187–93.

45. Qur'an 97, Sells translation.

46. Rudolf Otto, *The Idea of the Holy: An Inquiry into the Non Rational Factor in the Idea of the Divine and its relation to the rational*, trans. John W. Harvey, 2nd ed., (London, Oxford and New York, 1950), 12–40.

47. Qur'an 93, Sells translation.

蒙昧

1. 七世紀的歷史學家伊本—胥芬．祖赫里（Ibn Shifan al-Zuhri）的描述，引文見W. Montgomery Watt, *Muhammad at Mecca* (Oxford, 1953), 87。

2. Muhammad ibn Ishaq, *Sirat Rasul Allah*, 161, in A. Guillaume, trans. and ed., *The Life of Muhammad: A Translation of Ishaq's Sirat Rasul Allah* (London, 1955), 115.

3. Muhammad ibn Sa'd, *Kitab al-Tabaqat al-Kabir*, 4.1.68, in Martin Lings, *Muhammad:His Life Based on the Earliest Sources* (London, 1983), 47.

4. Ibn Sa'd, 3.1.37, *Kitab at-Tabaqat*, in Lings, *Muhammad*, 47.
5. Qur'an 27:45–46, 28:4.
6. Jalal al-Din Suyuti, *al-itqan fi'ulum al-aq'ran*，引文見Maxime Rodinson, *Mohammed*, trans. Anne Carter (London, 1971), 74.
7. Bukhari, *Hadith* 1.3, in Lings, *Muhammad*, 44–45.
8. Qur'an 20:114, 75:16–18.
9. Michael Sells, ed. and trans., *Approaching the Qur'an: The Early Revelations* (Ashland, OR, 1999), xvi.
10. Sells, *Approaching the Qur'an*, 183–84.
11. Mircea Eliade, *Yoga: Immorality and Freedom*, trans. Willard Trask (London, 1958), 56.
12. Sells, *Approaching the Qur'an*, 183–204. 另見Qur'an 81:8–9。
13. 見Qur'an 82:17–18, 83:8–9, 19。
14. Sells, *Approaching the Qur'an*, xliii.
15. Qur'an 81:1–6, 14, in Sells, *Approaching the Qur'an*.
16. Qur'an 99:6–9, Sells translation.

17. Qur'an 90:13–16, Sells translation.
18. Qur'an 81:26, Sells translation.
19. Qur'an 88:21–22.
20. Qur'an 88:17–20, Sells translation.
21. Watt, *Muhammad at Mecca*, 68.
22. Qur'an 26:214.
23. Qur'an 17:26–27.
24. Abu Ja'rir at-Tabari, *Ta'rikh ar-Rasul wa'l Muluk*, 1171 in Guillaume, *Life of Muhammad*, 117–118.
25. Qur'an 83:4, 37:12–19.
26. Qur'an 45:23, 36:77–83.
27. Qur'an 83:10–12.
28. Qur'an 6:108, 27:45, 10:71–72.Mohammed A. Bamyeh, *The Social Origins of Islam, Mind, Economy, Discourse* (Minneapolis, 1999), 180–184.
29. Qur'an 10:72.

30. Wilfred Cantwell Smith, *Faith and Belief* (Princeton, 1979), 44–46;Toshihiko Izutsu, *Ethico-Religious Concepts in the Qur'an* (Montreal and Kingston, ON, 2002), 132–133.
31. Tor Andrae, *Muhammad: The Man and His Faith*, trans. Theophil Menzel (London: 1936), 22–35;W.Montgomery Watt, *Muhammad's Mecca: History in the Qur'an* (Edinburgh, 1988), 69–73; Watt, *Muhammad at Mecca*, 103–109; Bamyeh, *Social Origins of Islam*, 208–9.
32. Ibn Sa'd, *Kitab at-Tabaqat* 8i, 137, in Bamyeh, *Social Origins of Islam*, 208.
33. Tabari, *Ta'rikh ar-Rasul*, 1192, in Guillaume, *Life of Muhammad*, 165.
34. Qur'an 53:12.
35. Qur'an 53:26.
36. Tabari, *Ta'rikh ar-Rasul*, 1192, in Guillaume, *Life of Muhammad*, 166.
37. Ibn Sa'd, *Kitab at-Tabaqat*, 137, in Andrae, *Muhammad*, 22.
38. Tabari, *Ta'rikh ar-Rasul*, 1192, in Guillaume, *Life of Muhammad*, 166.
39. Qur'an 22:52.
40. Qur'an 53:19–23, in Muhammad Asad, trans. and ed., *The Message of the Qur'an* (Gibraltar, 1980).

41. Qur'an 39:23, translation by Izutsu, *Ethico-Religious Concepts*, 197.
42. Qur'an 59:21, Asad translation.
43. Qur'an 29:17, 10:18, 39:43.
44. Qur'an 112, Sells translation.
45. Reza Aslan, *No god but God: The Origins, Evolution and Future of Islam* (London and New York, 2005), 43–46.
46. Ibn Ishaq, *Sirat Rasul Allah*, 167–8, in Guillaume, *Life of Muhammad*, 119.
47. Qur'an 17:46, 39:45.
48. Qur'an 38:6.
49. Qur'an 38:4–5.
50. Qur'an 41:6.
51. Qur'an 80:1–10.
52. Izutsu, *Ethico-Religious Concepts*, 66; Cantwell Smith, *Faith and Belief*, 39–40.
53. Qur'an 29:61–63, 2:89, 27:14.
54. Qur'an 17:23–24, 46:15. Asad translation.

55. Izutsu, *Ethico-Religious Concepts*, 127–57.
56. Qur'an 7:75–76, 39:59, 31:17–18, 23:45–47, 38:71–75.
57. Qur'an 15:94–96, 21:36, 18:106, 40:4–5, 68:56, 22:8–9.
58. Qur'an 41:3–5, 83:14, 2:6–7.
59. Izutsu, *Ethico-Religious Concepts*, 28–45.
60. 同上，頁28。
61. 同上，頁68至69，Qur'an 14:47, 39:37, 15:79, 30:47, 44:16。
62. Qur'an 90:13–17.
63. Qur'an 25:63, Asad translation.
64. Qur'an 111.這是《古蘭經》中唯一一處提及穆罕默德敵人的名字。
65. Ibn Ishaq, *Sirat Rasul Allah*, 183–4 in Guillaume, *Life of Muhammad*, 130–31.
66. 同上，in Guillaume, *Life of Muhammad*, 132。
67. Ibn Ishaq, *Sirat Rasul Allah*, 227, in Guillaume, *Life of Muhammad*, 157.
68. 同上，頁228，in Guillaume, *Life of Muhammad*, 158。
69. Aslan, *No god but God*, 46.

70. Qur'an 11:100.

71. Qur'an 2:100, 13:37, 16:101, 17:41, 17:86.

72. Qur'an 109, Sells translation.

73. Qur'an 2:256, Asad translation.

遷徙

1. Muhammad ibn Ishaq, *Sirat Rasul Allah*, 278, in A. Guillaume, trans. and ed., *The Life of Muhammad* (London, 1955), 169–70.
2. 同上，頁280，in Guillaume, *Life of Muhammad*, 193。
3. Qur'an 46:29–32, 72:1, in Muhammad Asad, trans. and ed., *The Message of the Qur'an* (Gibraltar, 1980). 此為阿薩德根據原文隨附註釋所做的詮釋，他誠實表示這是個人的嘗試。
4. Qur'an 17:1, Asad translation.
5. Muhammad ibn Jarir at-Tabari, *Ta'rikh ar Rasul wa'l Muluk*, 2210, Muhammad A. Bamyeh, *The Social Origins of Islam: Mind, Economy, Discourse* (Minneapolis, 1999),

144–45.

6. Qur'an 53:15–18 in Michael Sells, trans. and ed., *Approaching the Qur'an; The Early Revelations* (Ashland, OR, 1999).

7. Sells, 同上, xvii–xviii.

8. Ibn Ishaq, *Sirat Rasul Allah*, 271, in Guillaume, *Life of Muhammad.*

9. Qur'an 3:84, cf. 2:136, Asad translation.

10. Toshihiko Izutsu, *Ethico-Religious Concepts in the Qur'an* (Montreal and Kingston, ON, 2002), 189.

11. Qur'an 3:85, Asad translation.

12. Qur'an 12:111.

13. Qur'an 5:69, Asad translation.

14. Qur'an 5:48, Asad translation.

15. Qur'an 24:35, Asad translation.

16. Martin Lings, *Muhammad: His Life Based on the Earliest Sources* (London: Islamic Society Texts, 1983), 57, 105–111; W. Montgomery Watt, *Muhammad at Mecca* (Oxford,

1953), 141–49; Watt, *Muhammad at Medina* (Oxford, 1956), 173–231.

17. Reza Aslan, *No god but God: The Origins, Evolution and Future of Islam* (London and New York, 2005), 54; Gordon Newby, *A History of the Jews in Arabia* (Columbia, SC, 1988), 75–79, 84–85; Moshe Gil, "Origin of the Jews of Yathrib," *Jerusalem Studies in Arabic and Islam* (1984).
18. Muhammad ibn ʿUmar al-Waqidi, *Kitab al-Maghazi* in Aslan, *No god but God*, 54.
19. Ibn Ishaq, 287, in Guillaume, *Life of Muhammad*.
20. 同上，頁289，in Bamyeh, *Social Origins of Islam*, 153–54。
21. 同上，頁291至292，in Guillaume, *Life of Muhammad*。
22. Bamyeh, *Social Origins of Islam*, 153–3.
23. Qur'an 5:5–7; cf. Acts of Apostles 15:19–21, 29.
24. Qur'an 10:47.
25. Qur'an 8:30, 27:48–51.
26. Qur'an 60:1, 47–13.
27. W. Montgomery Watt, *Muhammad's Mecca: History of the Qur'an* (Edinburgh, 1988),

101–6; *Muhammad at Mecca*, 149–51.

28. Watt, *Muhammad's Mecca*, 25.
29. Izutsu, *Ethico-Religious Concepts*, 56.
30. Ibn Ishaq, *Sirat Rasul Allah*, 297, in Guillaume, *Life of Muhammad.*
31. 同上，頁304至305，in Guillaume, *Life of Muhammad*。
32. Bamyeh, *Social Origins of Islam*, 216–217.
33. Aslan, *No god but God*, 56–59.
34. Ibn Ishaq, *Sirat Rasul Allah*, in Guillaume, *Life of Muhammad.*
35. Qur'an 9:40.
36. Clinton Bennet, "Islam," in Jean Holm with John Bowker, eds, *Sacred Place* (London, 1994), 88–89; Fatima Mernissi, *Women and Islam: An Historical and Theological Enquiry*, trans. Mary Jo Lakeland (Oxford, 1991), 106–108.
37. Ibn Ishaq, *Sirat Rasul Allah*, 247, in Guillaume, *Life of Muhammad*, 236.
38. 同上，頁414，in Guillaume, *Life of Muhammad*。
39. Bamyeh, *Social Origins of Islam*, 218.

40. Qur'an 8:72–73, Asad translation.
41. Ibn Ishaq, *Sirat Rasul Allah*, 341, in Guillaume, *Life of Muhammad*, 232.
42. Qur'an 42:40–43, Asad translation.
43. Ibn Ishaq, *Sirat Rasul Allah*, 386, translation in Izutsu, *Ethico-Religious Concepts*, 29.
44. Qur'an 4:137, Asad translation.
45. Qur'an 2:8–15, Asad translation.
46. Ibn Ishaq, *Sirat Rasul Allah*, 341, in Guillaume, *Life of Muhammad*.
47. Watt, *Muhammad at Medina*, 201–2.
48. D. S. Margoliouth, *The Relations between Arabs and Israelites Prior to the Rise of Islam* (London, 1924); Salo Wittmayer Baron, *A Social and Religious History of the Jews* (New York: Columbia University Press, 1964), 3:261; Hannah Rahman, "The Conflict between the Prophet and the Opposition in Medina," *Der Islam* (1985); Moshe Gil, "The Medinan Opposition to the Prophet," *Jerusalem Studies in Arabic and Islam* (1987).
49. S. N. Goitein, *Jews and Arabs* (New York, 1960), 63; Newby, *History of the Jews*, 78–90;

Aslan, *No god but God*, 97–98.

50. David J. Helperin, "The Ibn Sayyad Traditions and the Legend of al-Dajjal," *Journal of the American Oriental Society* (1976).
51. Ibn Ishaq, *Sirat Rasul Allah*, 362, in Guillaume, *Life of Muhammad*.
52. Qur'an 6:151.
53. Qur'an 2:111–113, 120.
54. Qur'an 2:116, 19:88–92, 10:68, 5:73–77, 116–118.
55. Qur'an 5:73.
56. Qur'an 3:114, Asad translation.
57. Qur'an 22:67–68, Asad translation.
58. Qur'an 3:65.
59. Qur'an 3:67, in Arthur J. Arberry, trans. and ed., *The Koran Interpreted* (Oxford, 1964).
60. Qur'an 6:159, Asad translation.
61. Qur'an 6:161–3.
62. Qur'an 2:144, Asad translation.

63. Qur'an 2:150, Asad translation.

奮戰

1. Muhammad A. Bamyeh, *The Social Origins of Islam: Mind, Economy, Discourse* (Minneapolis, 1999), 198.
2. W. Montgomery Watt, *Muhammad at Medina* (Oxford, 1956), 2–5.
3. Qur'an 2:216.
4. Qur'an 22:36–40, in Muhammad Asad, trans., *The Message of the Qur'an* (Gibraltar, 1980).
5. Qur'an 2:190.
6. Watt, *Muhammad at Medina*, 6–8; Bamyeh, *Social Origins of Islam*, 198–99; Marshall G. S. Hodgson, *The Venture of Islam: Conscience and History in a World Civilization*, 3 vols (Chicago and London, 1974), 1:175–76; Tor Andrae, *Muhammad: The Man and His Faith*, trans. Theophil Menzel (London, 1936), 195–201.
7. Qur'an 2:217, Asad translation.
8. Bamyeh, *Social Origins of Islam*, 200, 231; Andrae, Muhammad, 203–6; Watt, *Muhammad*

at Medina, 11–20; Martin Lings, *Mohammad: His Life Based on the Earliest Sources* (London, 1983), 138–59.

9. Muhammad Ibn Ishaq, *Sirat Rasul Allah*, 435, in A.Guillaume, trans. and ed., *The Life of Muhammad: A Translation of Ishaq's Sirat Rasul Allah* (London, 1955).

10. 同上。

11. Qur'an 8:5–9.

12. Muhammad Ibn Jarir at-Tabari, *Ta'rikh ar-Rasul wa'l Muluk*, in Fatima Mernissi, *Women in Islam: An Historical and Theological Enquiry*, trans. Mary Jo Lakeland (Oxford, 1991), 90.

13. Qur'an 8:8.

14. Ibn Ishaq, *Sirat Rasul Allah*, 442, in Guillaume, *Life of Muhammad.*

15. Qur'an 47:5.

16. Qur'an 3:147–48, 8:16–17, 61:5.

17. Qur'an 2:193–194.

18. Qur'an 8:62–63.

19. Qur'an 5:45, Asad translation.

20. Qur'an 4:90.
21. Reza Aslan, *No god but God: The Origins, Evolution and Future of Islam* (New York and London, 2005), 89–90; Watt, *Muhammad at Medina*, 225–43.
22. Nabia Abbott, *Aishah, the Beloved of Muhammad* (Chicago, 1992), 67.
23. Mernissi, *Women and Islam*, 106–11.
24. Muhammad al-Bukhari, *Al-Sahih* (Beirut, 1978); Mernissi, *Women and Islam*, 142–3; Leila Ahmed, *Women and Gender in Islam* (New Haven and London, 1992), 52–53.
25. Ibn Ishaq, *Sirat Raszul Allah*, 543, in Guillaume, *Life of Muhammad*.
26. Aslan, *No god but God*, 89–90; Lings, *Muhammad*, 160–62; Andrae, *Muhammad*, 207; Watt, *Muhammad at Medina*, 190–210.
27. Ibn Ishaq, *Sirat Rasul Allah*, 296, in Guillaume, *Life of Muhammad*.
28. M. J. Kister, "Al-Hira: Some Notes on its Relations with Arabia," *Jerusalem Studies in Arabic and Islam* 6 (1985).
29. Lings, *Muhammad*, 170–97; Andrae, *Muhammad*, 210–2213; Watt, *Muhammad at Medina*, 20–30.

30. Ibn Ishaq, 717, in Guillaume, *Life of Muhammad*.
31. Qur'an 4:2–3, Asad translation.
32. Watt, *Muhammad at Medina*, 272–83, 289–93; cf. Ahmed, *Women and Gender in Islam*, 43–44, 52.
33. Mernissi, *Women and Islam*, 123, 182.
34. Qur'an 24:32, in Arthur J. Arberry, *The Koran Intepreted* (Oxford, 1964).
35. Mernissi, *Women and Islam*, 162–3; Ahmed, *Women and Gender in Islam*, 53.
36. Lings, *Muhammad*, 203–4; Watt, *Muhammad at Medina*, 185, 211–17; Aslan, *No god but God*, 90–91; Bamyeh, *Social Origins of Islam*, 201–2.
37. Lings, *Muhammad*, 207–8.
38. Qur'an 24:53, 32:29, 47:35, 46.Watt, *Muhammad at Medina*, 231–4.
39. Qur'an 4:102; Lings, *Muhammad*, 208–10; Mernissi, *Women and Islam*, 163–7.
40. Lings, *Muhammad*, 21–212; Mernissi, *Women and Islam*, 153–4, 172.
41. Qur'an 49:2, 4–5.
42. Muhammad ibn Sa'd, *Tabaqat al-kubra* (Beirut, n.d.), 8:174; Mernissi, *Women and Islam*, 172.

43. Lings, *Muhammad*, 107–8; Mernissi, *Women and Islam*, 174.
44. Tabari, *Tafsir* (Cairo, n.d.), 22:10; Mernissi, *Women and Islam*, 115–31. 在某些故事版本，所有穆罕默德的妻子都曾主動倡議，不只烏姆—薩拉瑪。
45. Qur’an 33:35.
46. Qur’an 4:37.
47. Qur’an 4:23.
48. Qur’an 2:225–240, 65:1–70.
49. Tabari, *Tafsir*, 9:235; Mernissi, *Women and Islam*, 131–32; Ahmed, *Women and Gender in Islam*, 53.
50. Qur’an 4:19.
51. Tabari, *Tafsir*, 8:261; Mernissi, *Women and Islam*, 132.
52. Mernissi, *Women and Islam*, 154–59.
53. Ibn Sa’d, *Tabaqat*, 8:205.
54. 同上。
55. Qur’an 4:34.
56. Ibn Sa’d, *Tabaqat*, 8:204.

57. Lings, *Muhammad*, 215–30; Watt, *Muhammad at Medina*, 36–58; Mernissi, *Women and Islam*, 168–70.
58. Ibn Ishaq, 677, in Guillaume, *Life of Muhammad.*
59. Qur'an 33:12.
60. Qur'an 33:10–11.
61. Ibn Ishaq, 683, in Guillaume, *Life of Muhammad.*
62. 同上，頁689。
63. Aslan, *No god but God*, 91–98; Norman A. Stillman, *The Jews of Arab Lands* (Philadelphia, 1979).
64. Qur'an 29:46, Asad translation.

和平

1. Muhammad ibn 'Umar al-Waqidi, *Kitab al-Maghazi*, 488–490, in Martin Lings, *Muhammad: His Life Based on the Earliest Sources* (London, 1983), 227.
2. Fatima Mernissi, *Women and Islam: An Historical and Theological Enquiry*, trans. Mary

Jo Lakeland (Oxford, 1991), 17–172.

3. Qur'an 33:51, 63.

4. Qur'an 33:59–60.

5. Lings, *Muhammad*, 212–214; Tor Andrae, *Muhammad: The Man and His Faith*, trans. Theophil Menzil (London, 1936), 215–16.

6. Qur'an 33:36–40.

7. Qur'an 33:53, in Muhammad Asad, trans., *The Message of the Qur'an* (Gibraltar, 1980).

8. Qur'an 33:53, 59.

9. Mernissi, *Women and Islam*, 88–191; Leila Ahmed, *Women and Gender in Islam* (New Haven and London, 1992), 53–57.

10. Mernissi, *Women and Islam*, 177–78; Lings, *Muhammad*, 235–45; W. Montgomery Watt, *Muhammad at Medina* (Oxford, 1956), 185–86; Ahmed, *Women and Gender in Islam*, 51.

11. Muhammad Ibn Ishaq, *Sirat Rasul Allah*, 726, in A.Guillaume, trans. and ed., *The Life of Muhammad: A Translation of Ishaq's Sirat Rasul Allah* (London, 1955).

12. Qur'an 12:18, Asad translation.

13. Ibn Ishaq, *Sirat Rasul Allah*, 735, in Guillaume, *Life of Muhammad*.
14. Qur'an 24:11.
15. Lings, *Muhammad*, 247–55; Andrae, *Muhammad*, 219–27; Watt, *Muhammad at Medina*, 46–59, 234–35;Mohammad A. Bamyeh, *The Social Origins of Islam, Mind, Economy, Discourse* (Minneapolis, 1999), 222–27.
16. Ibn Ishaq, *Sirat Rasul Allah*, 748, in Guillaume, *Life of Muhammad*.
17. 同上，頁741。
18. 同上，頁743。
19. 同上。
20. 同上，頁745。
21. Watt, *Muhammad at Medina*, 50.
22. Qur'an 2:193.
23. Ibn Ishaq, *Sirat Rasul Allah*, 748, in Guillaume, *Life of Muhammad*.
24. 同上，頁747。
25. Bamyeh, *Social Origins of Islam*, 226–27.

26. Mernissi, *Women in Islam*, 184–86.
27. Ibn Ishaq, *Sirat Rasul Allah*, 747, in Guillaume, *Life of Muhammad*.
28. 同上，頁748。
29. Lings, *Muhammad*, 254.
30. 同上，頁255。
31. Qur'an 48:26, translation by Toshihiko Izutsu, *Ethico-Religious Concepts in the Qur'an* (Montreal and Kingston, ON, 2002), 31.
32. Qur'an 48:29, in Arthur J. Arberry, *The Koran Interpreted* (Oxford, 1964).
33. Ibn Ishaq, *Sirat Rasul Allah*, 751, in Guillaume, *Life of Muhammad*.
34. Qur'an 110, in Michael Sells, ed. and trans., *Approaching the Qur'an, The Early Revelations* (Ashland, OR, 1999).
35. Ibn Sa'd, *Kitab al-Tabaqat al-Kabir*, 7:147, in Lings, *Muhammad*, 271.
36. Lings, *Muhammad*, 282.
37. Ibn Ishaq, *Sirat Rasul Allah*, 717, in Guillaume, *Life of Muhammad*.
38. Qur'an 17:81, Arberry translation.

39. Ibn Ishaq, *Sirat Rasul Allah*, 821, in Asad, *Message of the Qur'an*, 794.
40. Qur'an 49:13, Asad translation.
41. Abu Ja'far at-Tabari, *Tariq ar-Rasul wa'-Muluk*, 1642, in Guillaume, *Life of Muhammad*, 553.
42. Lings, *Muhammad*, 311.
43. Ibn Ishaq, *Sirat Rasul Allah*, 886, in Guillaume, *Life of Muhammad*.
44. Bamyeh, *Social Origins of Islam*, 227–29.
45. Waqidi, 837–38, in Bamyeh, *Social Origins of Islam*, 228.
46. Ibn Ishaq, *Sirat Rasul Allah*, 969, in Guillaume, *Life of Muhammad*.
47. 同上，頁1006。
48. 同上，頁1006。
49. 同上，頁1012。
50. Qur'an 3:144, Arberry translation.
51. Ibn Ishaq, *Sirat Rasul Allah*, 1013, in Guillaume, *Life of Muhammad*.
52. Wilfred Cantwell Smith, *Islam in Modern History* (Princeton and London, 1957), 305.

附錄：穆罕默德生平大事年表

五四七年	阿比西尼亞和葉門的地方長官進攻麥加。然而軍隊在抵達麥加郊區時，戰象跪下雙膝，拒絕進攻禁區。「象年」因此成為麥加神聖不可侵犯的象徵。
五七〇年	穆罕默德出生
五七八年	八歲，祖父逝世，穆罕默德沒有繼承到任何遺產。
五九五年	二十五歲，與哈蒂嘉成婚。
六一〇年	四十歲，在「命定之夜」中目睹異象，領受《古蘭經》。
六一五年	阿拉指示他將訊息傳達給整個哈須彌氏族。
六一六年	穆斯林在城外的一座峽谷進行禮拜儀式時，遭到一些古萊須族人的攻擊。
六一七年	穆斯林信眾遭到古萊須族的經濟封鎖。

六一九年	經濟封鎖解除，但哈蒂嘉因為營養不良與年老而逝世。叔叔兼保護人阿布—塔里布財務破產，之後過世。
六二〇年	他開始向朝聖者和商人傳道，他們來到麥加參與以朝聖作結的貿易市集。夜行登霄：依據伊斯蘭傳統，穆罕默德受天使之助，於夜裡飛馳至耶路撒冷，由此升天面見耶穌、摩西、亞伯拉罕等歷代先知，以及真主阿拉。娶阿伊夏。
六二一年	六位來自麥地那的皈信者按時回到麥加，與穆罕默德簽訂「阿卡巴誓約」。
六二二年	七月，麥加的穆斯林開始遷徙至麥地那。八月，古萊須部族計畫的暗殺行動失敗，穆罕默德與阿布—巴克爾展開逃亡。九月，穆罕默德抵達麥地那。
六二三年	四月，第一座清真寺建立。
六二三年	九月，穆罕默德親自領導一次掠奪行動，攻擊麥加的大型商隊，但沒有相遇。
六二四年	一月，穆罕默德於禮拜中要求眾人轉向，面朝麥加的方向禮拜，而非耶路撒冷。三月，巴德爾水井之役。穆罕默德率軍大勝，鞏固了穆斯林在麥地那的地位。
六二五年	三月，烏胡德山之役，穆罕默德方戰敗，叔叔漢姆札被殺。
六二六年	成功驅逐麥地那的猶太部落納迪爾人。

六二七年	壕溝之戰，成功抵禦來犯的麥加軍隊。
六二八年	三月，穆罕默德率領眾穆斯林向麥加朝聖。雖然行動在胡代比亞和談中受挫，但隨後受到《古蘭經》〈勝利章〉的肯定。歸信穆罕默德的人數大增。
六二九年	三月，穆罕默德再度前往麥加朝聖，古萊須族依約退讓。在離鄉八年後，穆罕默德終於重返麥加。 妻子瑪爾嫣為穆罕默德產下一子易卜拉欣。但易卜拉欣之後也不幸夭折。穆罕默德過世前始終沒有留下兒子。
六三〇年	一月，穆罕默德率領近一萬人的軍隊進軍麥加。古萊須族終於讓步，穆斯林重返麥加，古萊須也大量歸信伊斯蘭。
六三二年	三月，最後一次從麥地那前往麥加朝聖，回到麥地那後於六月病逝。
六五〇年	首次正式彙編的《古蘭經》約完成於六五〇年，並取得了正典的地位。

認識伊斯蘭 03

穆罕默德

宣揚謙卑、寬容與和平的先知（二版）

Muhammad : a prophet for our time

作　　者　凱倫・阿姆斯壯（Karen Armstrong）
譯　　者　黃楷君
編　　輯　王家軒、邱建智
校　　對　楊鈺儀
排　　版　李秀菊

企劃總監　蔡慧華
行銷專員　張意婷
社　　長　郭重興
發 行 人　曾大福
出版發行　八旗文化／遠足文化事業股份有限公司
地　　址　新北市新店區民權路108-3號8樓
電　　話　02-22181417
傳　　真　02-86671065
客服專線　0800-221029
信　　箱　gusa0601@gmail.com
Facebook　facebook.com/gusapublishing
Blog　gusapublishing.blogspot.com
法律顧問　華洋法律事務所／蘇文生律師

封面設計　蕭旭芳
印　　刷　前進彩藝有限公司
定　　價　380元
二版一刷　2023年2月
ISBN　978-626-7129-40-1（紙本）、978-626-7234-20-4（EPUB）、978-626-7234-19-8（PDF）

國家圖書館出版品預行編目（CIP）資料

穆罕默德 : 宣揚謙卑、寬容與和平的先知 / 凱倫 . 阿姆斯壯 (Karen Armstrong) 著 ; 黃楷君譯 . -- 二版 . -- 新北市 : 八旗文化出版 : 遠足文化事業股份有限公司發行, 民112.02　面 ;　公分 . -- (認識伊斯蘭 ; 3)
譯自 : Muhammad : a prophet for our time
ISBN 978-626-7129-40-1(平裝)

1.CST: 穆罕默德 (Muhammad, 570-632) 2.CST: 傳記 3.CST: 伊斯蘭教

259.1　　11008571